DOMINIQUE LE BRUN

Avec l'assistance technique
de l'UCPA

LE SKI

Dessins de Muriel Malek

Photos UCPA
(Christian Arnal, Jacques Berny, Roger Clappier,
Jean-Yves Dubols, Dominique Le Brun,
Gérard Planchenault, Philippe Royer)

Photo de couverture : Philippe Royer/UCPA-Explorer

SOLAR

SOLAR SPORTS-LOISIRS

Dans la même collection :

LA RANDONNÉE SPORTIVE
LA RANDONNÉE D'ÉTÉ EN MONTAGNE
LE VÉLO TOUT TERRAIN
LE SKI DE FOND
LA RANDONNÉE NORDIQUE
4 × 4 ET TOUT-TERRAIN
HAUTE MONTAGNE ET ALPINISME
TREKKING ET MARCHE A PIED
L'ESCALADE

ISBN 2-263-01583-3

INTRODUCTION

En évolution permanente pour toujours plus de plaisir

Le plus vieux ski que l'on connaisse date de 4 500 ans ! Et il n'y a pas de différence majeure entre le ski préhistorique, dont il subsiste des vestiges conservés au fond de tourbières scandinaves, et le ski moderne tel qu'il est apparu dans le massif alpin, à la fin du siècle dernier.

En revanche, depuis qu'il s'est imposé sous nos latitudes, le ski n'a cessé d'évoluer. Avec une accélération notoire du mouvement dans la dernière décennie. Si l'on ne suit pas constamment l'actualité technique des sports de glisse, on peut même se sentir un peu dépassé en contemplant les pistes d'une station alpine depuis le sommet d'une remontée mécanique.

Il y a de cela quelques années, on a vu des téméraires skier les deux pieds sur une même planche. Le temps de s'y habituer, on avait enlevé les bâtons ! Dans le même temps, en vallée et sur les domaines de ski nordique, les fondeurs se mettaient à glisser comme s'ils avaient eu aux pieds des patins à glace, et ils utilisaient pour ce faire des bâtons d'une longueur encore jamais vue. Depuis, chose plus étonnante encore, on observe une trêve dans l'opposition traditionnelle entre le ski alpin et le ski de fond : sur certaines pistes de ski-alpin, on trouve des amateurs de « rétro » ou de sensations nouvelles, qui remettent au goût du jour le ski à talon libre : le bon vieux Télémark, si élégant, que l'on pratiquait au début du siècle ! Mieux, dans les compétitions de ski-alpinisme (c'est-à-dire la version

« compétition » du ski de randonnée alpine), on voit certains coureurs utiliser en haute montagne des skis de fond. Comprenne qui pourra !

L'explication réside dans la caractéristique de base de tous les sports de glisse : pour chaque type d'activité, chercher toujours l'outil le mieux adapté. Ou, de manière plus sophistiquée encore, l'outil le mieux adapté aux conditions naturelles dans lesquelles on le pratique. A chaque montagne, à chaque neige correspondent une technique de ski idéale et un genre de ski particulier.

Pourtant, une question revient souvent : le surf va-t-il détrôner le monoski, tous deux expédiant ce qu'on appelle parfois le « bi-ski » au musée des sports de glisse ? C'est une fausse question. Qu'une de ces techniques remplace les autres signifierait qu'on assiste à une simple amélioration du matériel ou... à un phénomène de mode gratuit. Ce n'est pas du tout cela. Il s'agit en réalité d'une sophistication de plus en plus nuancée des plaisirs qu'offre la pratique du ski. Il y aura toujours des skis traditionnels, des monoskis, des surfs, et sûrement encore d'autres instruments à venir, pour glisser sur la neige.

A y regarder de plus près, l'histoire récente du ski — c'est-à-dire depuis son apparition dans le massif alpin — n'est pas celle du seul progrès d'un unique type de matériel. C'est plutôt une adaptation permanente à différents types de pratique. A force de modifier ces planches venues de Scandinavie, on en est arrivé à des produits aussi différents qu'un surf et une paire de skis de fond.

A l'origine, donc, le ski est un moyen de communication, un outil destiné à se déplacer dans la neige. A ce problème technique, on a trouvé deux solutions différentes : la raquette et le ski. Il n'est pas facile de savoir pourquoi la raquette s'est développée chez les uns (Amérindiens, notamment), et le ski chez les autres (Scandinaves). Le fait est qu'à la fin du siècle dernier, dans nos montagnes, on ne connaissait que la raquette. C'est à l'époque des guerres territoriales qui ont secoué l'Europe dans la seconde moitié du XIXe siècle que le ski s'est développé... en tant qu'élément stratégique.

Car entre l'Italie, l'Allemagne, l'Autriche, principaux

◀ **Du moyen de locomotion d'autrefois au grand sport de glisse de la fin du siècle.**

Le grand bonheur : skier entre neige et nuages.

acteurs de ces guerres, une bonne part des frontières était constituée de chaînes montagneuses. Construire des forts ne suffisait pas, il fallait aussi trouver le moyen de déplacer rapidement des troupes en montagne. On imita donc les armées scandinaves, qui possédaient depuis longtemps des régiments d'infanterie équipés de skis : ainsi naquirent les Chasseurs alpins, dès 1880 en Autriche, et en 1895 en France et en Italie.

Au plan de la petite histoire, il est intéressant de savoir que, pour des raisons militaires encore, le ski a failli se développer... dans le désert. Et c'est ainsi que le guide de haute montagne et romancier Roger Frison-Roche a mené dans les années d'avant-guerre une mission d'étude au Sahara. A la même époque, les Britanniques effectuaient des recherches en Palestine. Pouvait-on se déplacer à ski sur le sable comme on le faisait sur la neige ? Mais l'affaire n'eut pas de suites.

Pour en revenir à la fin du siècle dernier, mais côté civil, un événement allait donner au ski une certaine renommée : la traversée du Groenland, en 1888, par le Norvégien Nansen.

Un voyage qui avait été effectué à skis. Sans doute, dans son récit, l'explorateur parlait-il du ski avec enthousiasme. Le fait est qu'il développa un véritable engouement chez les populations des Alpes autrichiennes. En 1891 était créé le premier club de ski, à Munich ; puis un deuxième en 1896, à Grenoble.

Les riches Britanniques, qui déjà avaient découvert les Alpes avant les Français, s'intéressèrent tout de suite au ski. Sir Arnold Lunn (1888-1974) fut surnommé le « pape du ski » pour avoir mené une trentaine d'explorations dans les Alpes bernoises et inventé le slalom, en 1911.

En France, la formation des troupes alpines s'effectuait à Briançon. C'était là que, petit à petit, on élaborait une technique dont il reste encore des souvenirs : ainsi, pour s'arrêter, la chute volontaire, dite « arrêt-Briançon ». Le problème était d'adapter ce que l'on savait de la technique scandinave, ainsi que le matériel, aux conditions de ski de nos montagnes, dont le relief et la qualité de neige étaient différents. Le ski pratiqué de cette manière conservait donc toutes les caractéristiques du ski nordique, puisque l'on assurait soi-même la remontée et que l'on ne glissait que sur des pentes très modérées. Bien entendu, nul ne songeait à damer des pistes.

Les premières stations de ski datent du début du siècle. C'étaient les stations déjà connues, l'été, pour la pratique de l'alpinisme, ou pour leur « bon air » : Chamonix, Megève, suivies du Revard, de La Clusaz, de Combloux... C'était l'époque des affiches de publicité pour les chemins de fer présentant des dames skiant en robe longue en s'appuyant sur un unique grand bâton. La luge elle-même était un sport, et tout cela se pratiquait en tenue de ville, pour ne pas dire « du dimanche ». En 1924, les premiers jeux Olympiques d'hiver étaient disputés à Chamonix.

Pour que le ski prenne son aspect moderne, il faudrait attendre les remontées mécaniques. Très tôt, on envisagea de remorquer les skieurs jusqu'au sommet des pentes... en employant des chevaux. En définitive, une bonne part du développement du ski de descente découle de l'amélioration du... moteur à explosion. Grâce à lui, on put actionner des remonte-pentes efficaces, tandis que le tourisme automobile donnait accès aux stations de ski.

On attribue à Émile Allais la première codification académique du ski : la création de la méthode française, à partir de 1932. Alors seulement, le ski devint un vrai sport, avec ses règles et son image : celle du beau moniteur avec son pull rouge et sa médaille ! En même temps, de plus en plus de Français découvraient la notion de vacances. En 1936, on inaugurait les congés payés, et la possibilité de partir en été donnait à certains l'idée de vacances d'hiver.

La Seconde Guerre mondiale, avec la très dure bataille des Alpes en 1944-1945, allait apporter encore quelques progrès techniques. Mais, surtout, l'ensemble du mouvement social de ces années sombres aboutissait, à la Libération, à un développement des activités de loisirs de plein air. L'UCPA naquit de ce mouvement, et le développement des stations de sports d'hiver accompagna la démocratisation du ski. Aux jeux Olympiques de Grenoble en 1968, les succès des Périllat et autres Killy allaient donner au ski en France une dimension qu'il n'avait encore jamais connue. Les années 70 seraient l'âge d'or pour les stations de ski.

Mais 1968, c'est encore un nouveau mouvement de société. Peut-on dire que le monoski et le surf sont les enfants des hippies et des babas cool ? Peut-être. Les phénomènes de retour à la nature, de coupure avec une société trop mécanisée, hiérarchisée, déshumanisée aboutirent chez une certaine catégorie de skieurs à refuser les stations et les remontées mécaniques. A l'époque, le ski de fond, définitivement différencié du ski alpin par son matériel, pouvait répondre à cette aspiration d'une nouvelle pratique de la montagne. Mais il y manquait les sensations de glisse que seule procure la descente rapide. Dans ces années 70, à Chamonix notamment, on verrait tester de bien curieux engins à glisser sur la neige. Et s'instaurer un état d'esprit qu'on pourrait résumer ainsi : « Je monte par mes propres moyens skier là où les autres n'iront jamais, sur un engin de rêve. »

L'engin de rêve, ce sera le monoski ou le surf. Nous verrons plus loin en quoi ils consistent. Pour l'heure, restons-

Surf de neige ou de vagues, c'est la même famille de gestes.

en à l'histoire, pas très facile à reconstituer, d'ailleurs. Car les skieurs voyagent, rencontrent des surfeurs, échangent des idées... Le fait est que l'on tente, dans les Rocky Mountains des États-Unis et du Canada, qui possèdent une neige poudreuse légère comme de l'écume, de surfer sur les pentes comme on surfe sur les vagues. En fonction de ce que l'on sait du surf de vague, on s'attache donc à trouver les meilleures formes d'un flotteur conçu pour la neige légère. Ces surfeurs, il faut le préciser, ne sont pas du tout skieurs. Sauf un certain Mike Doyle, à qui il paraît évident de poser sur un flotteur deux fixations de ski jumelées. Ainsi naît le monoski. On attribue cependant au monoski une autre origine. Les descentes en poudreuse posent un problème technique : éviter que les skis divergent. L'invention du monoski viendrait donc de l'idée de fixer définitivement côte à côte les deux planches. Selon les monoskieurs, le véritable objet de cette invention ne serait pourtant pas la résolution d'un problème technique par un matériel adapté. Il se serait plutôt agi d'affirmer une démarcation d'avec les autres pratiquants.

CHAPITRE 1

A la découverte du ski alpin

Découvrir le ski, c'est en même temps s'initier à des gestes techniques, et à un environnement assez particulier. Il y a la montagne, bien sûr ; mais il y a aussi tout ce qui fait l'ambiance d'une station de ski. Les remontées mécaniques, les loueurs, l'école de ski, les grands mouvements de foule du matin – la ruée vers l'accès au sommet des pistes – et ceux du soir, avec les curieuses enjambées des skieurs fatigués, dans leurs chaussures ouvertes jusqu'en haut. Et puis l'ambiance de midi, à la terrasse d'un restaurant d'altitude : skieurs en tenue de bain prenant le soleil avant d'enchaîner de nouveau champs de bosses et schuss.

Dans la mesure où ce livre n'est qu'un aide-mémoire pour un débutant suivant des cours – la seule manière d'apprendre –, voyons tout de suite les comportements et les règles de base que tout skieur est amené à adopter sur les pistes d'une station alpine, que ce soit en France ou à l'étranger.

LES PISTES

Choisir une piste adaptée

Les stations proposent un choix de pistes aménagées afin de garantir aux skieurs des descentes correspondant à leur niveau technique ainsi qu'à leur condition physique du moment. Les noires sont les plus difficiles, les vertes les

◄ **Les mille et une folies du ski artistique.**

Un bon apprentissage passe obligatoirement par la chute.

plus faciles. Entre les deux, il y a les bleues, de difficulté moyenne, et les rouges, déjà plus ardues.

Le problème est que cette classification repose sur des critères assez flous. Ainsi, il arrive qu'une piste verte ou bleue de station réputée sportive corresponde à une rouge de station plus familiale. La prudence est donc de mise. D'autant plus que l'initiation au ski doit se faire de manière progressive, et surtout dans le plaisir : se mettre en difficulté ne sert à rien.

En pratique, quand vous skiez seul, vous avez tout intérêt à vous échauffer physiquement et à « prendre le coup », en début de journée, sur une piste très facile. En fin de séance, quand vous commencerez à sentir la fatigue, il faudra sagement revenir à des terrains faciles : en effet, c'est alors que les accidents sont les plus fréquents. Mais, dans l'enthousiasme, on peut ne pas ressentir une fatigue qui s'est pourtant d'ores et déjà présentée. Une première chute constitue un bon indice, surtout si elle est suivie d'une autre là où vous auriez normalement dû « passer ».

L'état de la piste

Préparation de la piste

La « couleur » de la piste est une chose, mais l'état dans lequel elle se trouve nuance, voire modifie les difficultés de la descente. En effet, les pistes sont régulièrement préparées pour les skieurs : c'est le damage. Après le passage de la machine, le terrain est lisse comme une piste d'aviation. Ne présentant aucun obstacle, aucune irrégularité, il est « facile ». Mais ce sera une autre histoire après le passage de centaines de skieurs enchaînant les virages ; la piste se transforme peu à peu en champ de bosses.

Selon les endroits, les pistes sont plus ou moins bien préparées, et cela n'est pas forcément en rapport avec la « classe » de la station.

État de la neige

Il y a des neiges faciles, et des neiges difficiles... Une neige facile est une neige qui glisse, parce que le ski se dirige alors bien. Une neige difficile, c'est principalement une surface dure sur laquelle les carres des skis n'accrochent pas. Il faut avant tout savoir que l'état de la neige évolue en permanence, y compris dans le courant d'une même journée. On dit qu'elle se transforme : le matin, après les grands froids de la nuit, elle est très dure, parfois comme de la glace ; puis elle se ramollit et commence même à fondre, prenant l'apparence d'un sorbet, voire d'un granité : on la qualifie alors de « soupe ». Cette neige est difficile : les skis glissent mal, se chargent d'une neige lourde qui ne les porte pas. C'est aussi la neige qui provoque les accidents de fin de journée !

Quand trouver une bonne neige ? En hiver, entre janvier et mars sans grands froids, quand la neige est douce et se transforme peu. Au printemps, il faut choisir son moment, lorsque la neige se trouve entre la « glace » du matin et la « soupe » de midi. Il est alors important de tenir compte de l'exposition au soleil des pistes fréquentées ; tôt le matin, on choisit les pistes ensoleillées, où la glace ramollit vite. Plus

Rester sage, même quand on skie sauvage.

tard, on cherchera les zones d'ombre où elle est encore molle, mais pas encore « soupe ».

La visibilité

C'est un élément qu'on ne prend pas assez en compte. On conçoit que skier dans la brume pose problème. Mais, dans le même temps, on a tendance à « faire avec » des lunettes embuées. Ou à skier sans lunettes en acceptant d'être ébloui (et de courir le risque d'une ophtalmie). En réalité, une mauvaise visibilité a des conséquences plus importantes qu'on ne l'imagine : une mauvaise perception visuelle ralentit ou modifie en effet le déclenchement des automatismes. Or, l'initiation au ski consiste bel et bien à acquérir un certain nombre de gestes réflexes.

LE CHEMINEMENT SUR LA PISTE

La descente consiste en un enchaînement de virages déclenchés à des endroits choisis et conduits d'une certaine manière.

La vitesse

Plus on va vite, plus il est difficile de skier ; le problème étant qu'il n'est pas toujours facile de contrôler sa vitesse. Il faut donc apprendre tout de suite à maîtriser cet élément, notamment en étant capable de respecter le principe d'une vitesse moyenne. Savez-vous qu'en Suisse et aux États-Unis, un skieur peut être verbalisé pour excès de vitesse ?

Où déclencher ses virages

Les conseils qui suivent sont parmi les plus importants. Si vous devez les garder constamment à l'esprit, sachez néanmoins que leur application efficace exige une parfaite maîtrise des éléments techniques exposés au chapitre 3.

– Ne pas attendre d'être arrivé tout au bord de la piste, ce qui contraindrait à un virage en catastrophe.

– Déclencher le virage plutôt en haut d'une bosse.

– Tourner plutôt à contre-pente que dans le dévers ; autrement dit, rechercher la configuration de terrain correspondant aux virages routiers inclinés.

– En déclenchant le virage, s'assurer toujours que la voie est libre en aval.

Conduire son virage

Il faut s'attacher à effectuer les virages les plus réguliers possible, du début à la fin. Et donc prendre le temps de rester dans le virage, refuser l'envie – très naturelle – d'en sortir le plus vite possible et accepter l'accélération du milieu de courbe.

TOUTES LES MANIÈRES DE SKIER « ALPIN »

A chaque site, à chaque neige correspond une technique de ski idéale. Nous faisons ici le tour de toutes ces techniques, telles qu'on peut les observer du haut d'une remontée mécanique, exception faite toutefois du ski hors piste, qui a pour caractéristique de se pratiquer justement en dehors des domaines skiables aménagés.

Le ski

A l'époque où le monoski est devenu à la mode, on a créé l'appellation « bi-ski ». Mais c'est bel et bien de ski qu'il faut parler, l'instrument le plus polyvalent. Son domaine de prédilection est le slalom, les champs de bosses et les neiges très dures. Il se trouve en revanche très mal à l'aise dans les neiges pourries (par transformation) de printemps.

Le surf

C'est la poudreuse qui a fait connaître le surf et qui lui donne sa plus belle image. Mais, grâce à une évolution technique qui en a nuancé la conception, il se révèle en fait très polyvalent, se trouvant par exemple à l'aise dans les neiges pourries. Se composant d'une seule planche à forte portance, il évite en effet le problème de la divergence des skis. Il est aussi efficace sur les neiges dures, car on peut exercer de la pression sur les carres. En revanche, il n'est vraiment pas fait pour les bosses, les capacités d'absorption des chocs par le surfeur se trouvant limitées par la position qui ne laisse travailler qu'une seule articulation.

Le monoski

Il est moins polyvalent que le ski et le surf, ses conditions d'utilisation optimales étant la poudreuse : bonne portance

Skis alpins traditionnels, dits aussi « de descente », dans leur longueur normale.

et aucun problème de divergence. Si le monoski est très utilisable en champ de bosses, il est délicat sur la neige dure, car on se trouve en équilibre sur une seule carre. Autant dire un fil. C'est dans une situation comme celle-la que l'on comprend qu'à chaque neige correspond vraiment un type de ski.

Le ski de bosses

C'est une discipline sportive olympique. Elle est née de la volonté d'adapter à la compétition la pratique du ski en terrain non préparé, soit en zone à l'origine damée, mais transformée ensuite par le passage de nombreux skieurs. Le paradoxe est que, désormais, on prépare spécialement des champs de bosses pour les compétitions !

Si le skieur moyen a pour souci de traverser le plus efficacement possible les zones de bosses, le compétiteur ajoute à cela la vitesse et l'esthétique, plus des sauts et des figures exécutés en profitant précisément des difficultés du terrain.

Le ski acrobatique

Il est dérivé du ski de bosses, mais utilise quant à lui de véritables tremplins : les « cuillers », très impressionnantes. La compétition consiste en différents types de sauts. Il y a ainsi les sauts droits avec tremplin peu pentu (saut droit signifiant que la tête ne passe jamais au-dessous des skis), les sauts périlleux arrière avec tremplin raide et les sauts périlleux avant avec tremplin très raide provoquant une bascule en avant.

Le ski artistique

On pourrait le comparer au patin à glace, en raison de la technique et des skis employés. Il s'agit en effet de réaliser des figures sur une pente faible et lisse. Mais le fait d'utiliser des bâtons offre des possibilités supplémentaires.

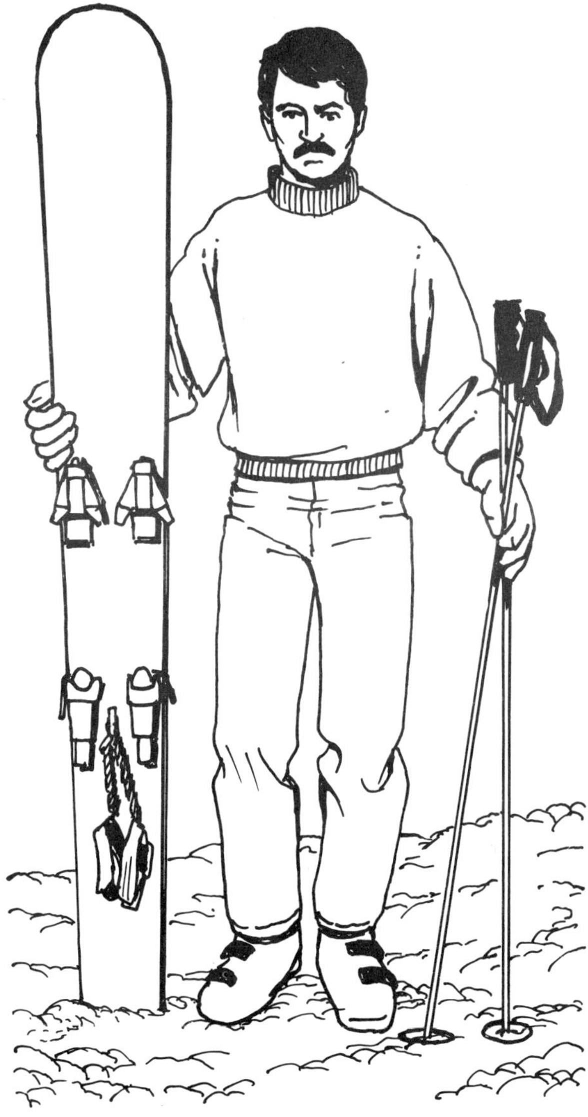

Monoski : notez que les bâtons sont plus longs que pour le ski alpin.

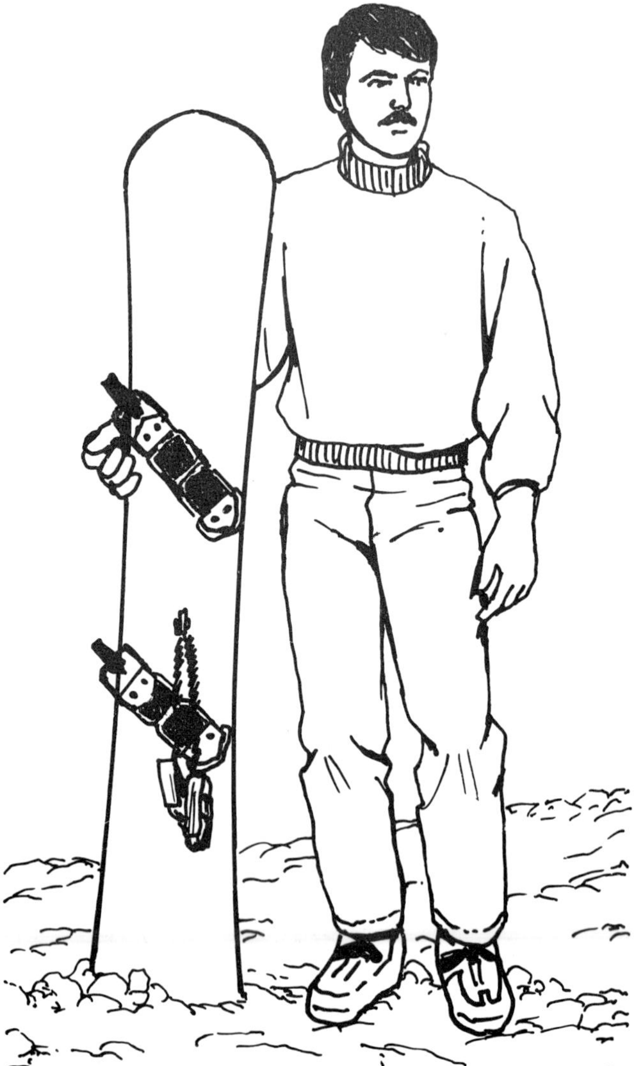

Surf : plus de bâtons,
et des fixations montées en travers.

Le kilomètre lancé, ou « KL »

La descente à l'état pur, sur une piste spécialement aménagée, extrêmement élaborée. La pente de départ est affolante : 60° sur la piste des Arcs. Contrairement à ce que pourrait laisser croire l'appellation, la vitesse est mesurée sur 100 mètres. La plupart des compétiteurs atteignant entre 180 et 200 km/h, la recherche d'aérodynamique apparaît comme fondamentale pour cette épreuve.

Le Télémark

Il faut bien faire la différence entre le Télémark nordique – celui de l'origine et qui se pratique sur pentes douces – et le Télémark alpin, plus extrême. Il se pratique sur tous les terrains, les conditions idéales étant les neiges douces et peu profondes. Le Télémark est aussi une technique de randonnée alpine, présentant pour principal avantage la légèreté du matériel. Avec des limites : il n'est pas toujours évident d'affronter la haute montagne avec un tel équipement.

Le ski hors piste

Nous en parlons dans le détail au chapitre 6 (voir p. 95). Précisons tout de suite qu'il est qualifié de « toutes neiges-tous terrains » quand il consiste à utiliser les remontées mécaniques d'une station pour descendre en neige vierge. On parle en revanche de « ski de montagne » quand on monte par ses propres moyens, en utilisant un matériel adapté : fixations articulées et système anti-recul dit « peaux de phoques ».

Le ski extrême

C'est une possibilité du hors-piste qui consiste à descendre des couloirs très raides. Tellement raides que la seule manière de déclencher le virage est... de sauter.

LE SKI DE COMPÉTITION

Le ski alpin comporte plusieurs disciplines, désormais bien connues du grand public grâce aux reportages télévisés. Les plus célèbres sont les épreuves olympiques : le slalom (dit aussi slalom spécial), le slalom géant, le super-géant et la descente.

Le slalom

Il se compose de nombreuses portes à franchir, les unes étant horizontales (portes dites ouvertes), les autres verticales (portes dites fermées). La dénivelée du parcours se situe entre 180 et 220 mètres pour les hommes, et entre 130 et 180 mètres pour les femmes. Le nombre de portes se situe entre 55 et 75 pour les hommes, et entre 45 et 60 pour les femmes. La piste mesure au moins 40 mètres de large, pour une pente moyenne de 20 à 27°. La largeur d'une porte se situe entre 4 et 6 mètres.

Un slalom se dispute toujours en deux manches, sur des pistes rapprochées.

Le slalom géant

La dénivelée se situe cette fois entre 250 et 400 mètres pour les hommes, et entre 250 et 350 mètres pour les femmes. Les portes sont conçues différemment : plus larges et plus éloignées. L'épreuve se situe donc entre le slalom et la descente, les possibilités de prise de vitesse étant plus importantes. Le slalom géant se dispute aussi en deux manches.

Le slalom super-géant

Cette épreuve a été conçue pour éviter une spécialisation trop poussée des compétiteurs : slalomeurs d'un côté, descendeurs de l'autre. Elle est plus proche de la descente et se dispute en une seule manche.

Quel qu'en soit le niveau, la compétition oblige à progresser.

La descente

Les caractéristiques d'une piste de descente sont les suivantes : entre 500 et 1 000 mètres de dénivelée pour les hommes, entre 500 et 800 mètres pour les femmes. Les passages en forêt doivent faire au moins 30 mètres de large, et les temps de descente ne doivent pas être inférieurs à 2 minutes pour les hommes, et 1 mn 40 pour les femmes.

A la différence du slalom, la reconnaissance du parcours s'effectue sur la piste même de la course.

CHAPITRE 2

Le matériel

Dans le chapitre précédent, nous avons passé en revue l'ensemble des possibilités de pratiques offertes par le ski alpin. Voyons ici quel matériel particulier correspond à chacune de ces techniques. Une première remarque s'impose : si l'on pratique plusieurs skis différents, on est supposé disposer d'un bon local pour entreposer son matériel... et d'un compte en banque confortable pour renouveler celui-ci au fur et à mesure que la technique et la mode évoluent.

En réalité, on trouve toujours à louer son matériel. C'est ce que font la plupart des skieurs, dont les vacances à la montagne demeurent trop courtes pour que l'investissement en vaille la peine. Du moins en ce qui concerne les skis. Pour un pratiquant occasionnel, la meilleure formule consiste en effet à posséder ses propres chaussures, mais à louer ses skis.

Posséder ses chaussures, parce que trouver chaussure à son pied et en déterminer les meilleurs réglages n'est pas chose si facile. Un cas de figure classique : à force de louer des chaussures plus ou moins confortables, on rencontre un jour la paire idéale, dans la très juste pointure. Les réglages viennent tout seul. Ne croyant pas à son bonheur, on achète les mêmes !

Louer ses skis, parce que le matériel (planches aussi bien que fixations) évolue, et parce que soi-même, on change. De plus, qu'il s'agisse de les transporter ou de les stocker, les skis sont encombrants. D'autre part, si on veut s'essayer au monoski ou au surf, au ski de randonnée ou au kilomètre lancé, il serait complètement déraisonnable d'acheter du matériel uniquement pour cette occasion. Et sans disposer encore des éléments permettant de faire le bon choix.

◀ **Saut-écart : on est parfois tout près de s'envoler au-dessus de la vallée...**

LES SKIS

Le ski de descente

En premier lieu, c'est le niveau technique du skieur qui détermine le choix de ses skis. Débutants, classe 1 et classe 2 utiliseront des skis d'autant plus longs que leur technique progresse. En classe 3, la manière de skier constituera le premier critère de choix.

Débutants, classes 1 et 2

Selon la méthode du « ski évolutif », on commence par utiliser des skis très courts : de véritables patinettes, parce qu'il est plus facile de déclencher un virage avec un ski court. Avec ce genre de matériel aussi, le néophyte est rapidement à même d'identifier les différents types de sensations qui permettront les progrès futurs. Mais cet équipement n'autorise que des progrès limités. Bientôt, même, le ski court présente plus d'inconvénients que d'avantages : l'équilibre longitudinal qu'il offre est insuffisant, et il manque totalement de stabilité de trajectoire.

Les étapes d'un ski très court à un ski moyen puis normal sont donc très rapides.

Classe 3

La longueur normale d'un ski se mesure ainsi : hauteur du skieur plus 30 centimètres pour les hommes, et plus 20 centimètres pour les femmes. Cette règle se module légèrement en fonction du poids que l'on pèse, le principe demeurant que la longueur du ski dépend de la puissance musculaire qu'on est capable de développer pour le faire tourner.

Selon la pratique de ski qu'on envisage, on choisira ensuite parmi les différents modèles des nombreuses marques. Ainsi, un ski de slalom spécial, qui se caractérise par une taille de guêpe marquée, une bonne nervosité et une fabrication généralement en fibre, est bien adapté à la descente sur neige dure, avec de petits virages à vitesse moyenne. En

**Skis utilisés dans la méthode dite « ski évolutif ».
On passe rapidement des « patinettes » à un ski court,
puis normal.**

revanche, pour la vitesse, la neige douce et les virages à grand rayon, le ski de slalom géant convient mieux : taille de guêpe moins marquée, structure métallique, moins raide. Que choisir ? Habituellement, les skieurs polyvalents optent plutôt pour un matériel type slalom géant.

Le monoski

Dans l'état actuel de la technique, voici quelques points de repère.

Quelle forme ?

La forme en pintail, qui semble réunir les suffrages, se définit par une spatule courte et large et un talon étroit, voire pointu : elle évite le survirage.

Sur quelle neige allez-vous skier ?

Pour la poudreuse, on recommande un modèle long et large, afin d'accentuer la portance du ski. Pour la piste et les bosses, mieux vaut un ski court pour bien se faufiler, et étroit pour faciliter la prise de carre.

Quelle longueur ?

Elle se situe entre 1,50 et 1,85 m, en fonction du poids et de la technique du skieur. En modulant selon que l'on skie sur piste (ski court) ou en poudreuse (ski long).

Le surf

Pendant longtemps, à l'instar des surfs de vague ou des planches à voile type funboard, les surfs de neige étaient fabriqués artisanalement. Désormais, ils sont construits en grande série selon la même technologie que les skis. Si le choix est encore assez large, les cotes marquent une nette tendance à se normaliser.

Les cotes d'un bon surf

Si la taille de guêpe est marquée, le surf reste tout de même assez large : entre 22 et 24 centimètres à sa plus faible largeur. Sa longueur se situe entre 1,40 et 1,70 m. On a donc une surface portante comparable à celle du monoski, la faible longueur compensant la grande largeur. Pourquoi le surf est-il si large ? Parce qu'un des pieds est positionné dans le sens de la largeur.

La position des pieds

Le pied avant est généralement positionné à 45° de l'axe de la planche, et le pied arrière à 35°, l'écartement entre eux variant de 38 à 42 centimètres selon la taille du surfeur.

Il existe deux familles de surfeurs : les uns sont dits « goofy » et les autres « regular » ; les premiers ont tendance à placer le pied gauche derrière, les seconds devant. Pour savoir à quel clan on appartient, il faut se prêter à la cérémonie suivante : debout, les pieds serrés, on se fait pousser très fort dans le dos. Le pied sur lequel on se rétablit sera placé à l'avant du surf. Si c'est le pied droit, on est un « goofy » ; si c'est le pied gauche, un « regular ».

Le ski de bosses

C'est un ski de slalom très nerveux (fabriqué en fibre) à taille de guêpe marquée. Il est plutôt court, ne dépassant que de 15 centimètres la taille du skieur, au lieu de 30.

Le ski acrobatique

C'est un ski court, donc plus maniable : entre 1,50 et 1,60 m. Il est fabriqué en fibre dans un souci de solidité maximale.

Le ski artistique

Il est encore plus court : de 1,40 à 1,60 m. Fabriqué en fibre, il est doté d'une spatule à l'arrière et ne présente pas de cambre afin de pouvoir pivoter sur place. La fixation est montée au milieu du ski, alors que les skis normaux ont la fixation montée à l'avant du pied.

Qu'il s'agisse de ski artistique ou de ski acrobatique, ces deux activités demandent des équipements tout à fait particuliers. Ce n'est plus une question de nuance, comme lorsqu'on choisit entre un ski de slalom spécial ou un ski de slalom géant.

Les épreuves de vitesse du « kilomètre lancé » donnent du ski une image futuriste : casque et chaussures sont profilés, et la combinaison elle-même est coupée dans un tissu spécial. Aérodynamisme oblige !

Le ski de kilomètre lancé

Il est très long (jusque 2,42 m, les femmes utilisant des planches de 2,23 m) et large. Pour accentuer sa stabilité directionnelle, il ne marque pas du tout de taille de guêpe. Très mou, il est généralement fabriqué en bois. Sa spatule est très plate afin d'offrir le moins possible de prise à l'air.

Le ski de Télémark

Avec sa spatule très longue, il rappelle les skis d'autrefois. Sa largeur se situe entre celle d'un ski alpin et celle d'un ski de fond. Il est extrêmement nerveux, mais souple. Il est équipé de carres soit sur toute sa longueur, soit seulement sous le patin.

Le ski de hors-piste

On le qualifie de « toutes neiges-tous terrains ». Il se rapproche du modèle de slalom géant. Très polyvalent, il est souvent métallique, souple, peu épais afin de mieux trancher la neige sur chant. Sa spatule est longue, ce qui améliore la portance.

Le ski de montagne

Il sert aussi bien à monter qu'à descendre : il est donc court, ce qui permet d'éviter aisément les obstacles (5 centimètres de plus que la taille du skieur). Il est plutôt mou et léger. Ses spatules sont parfois percées d'un trou par lequel on passe un mousqueton pour les remorquer ou les réunir quand on les porte sur le sac à dos. Le talon peut être échancré pour améliorer la fixation des peaux de phoque. Pour des raisons de sécurité, les skis de montagne sont généralement peints en couleurs vives.

Bien sûr, le fait d'être court et mou enlève au ski une bonne partie de ses qualités... à la descente ; et parfois on regrette de ne pas être monté en marchant, avec des skis – de descente – sur le dos !

LES FIXATIONS

Ski, mono, bosses, KL, hors-piste

On utilise le même genre de fixations, la recherche technique sur ce genre de matériel ayant atteint son objectif, à savoir la sécurité maximale, autrement dit le déchaussage à bon escient. En effet, un déchaussage trop rapide est dangereux, dans la mesure où il peut survenir à l'occasion de vibrations ou de chocs, et non pas seulement en cas de chute.

Pour choisir une fixation, il ne faut pas chercher systématiquement le haut de gamme, mais trouver la palette de réglages correspondant à son poids, à sa force musculaire ainsi qu'à ses compétences. Des normes internationales définissent la dureté de la fixation, depuis 1 (enfant), jusqu'à 14 (compétiteur de haut niveau).

Ski artistique et ski acrobatique

Ces fixations doivent être avant tout légères, tandis que la faible longueur du ski les dispense d'un système de sécurité. En fait, elles sont dérivées des modèles utilisés pour les enfants.

Surf

Depuis les foot-straps empruntés aux planches à voile, on a bien évolué, pour en arriver aux fixations dites « à plaques », ne comportant pas de système de sécurité. Mais la recherche est encore loin de son terme. Pour l'heure, le problème est d'assurer un bon calage longitudinal et latéral du pied, ainsi que l'écart et l'orientation des fixations.

Télémark

La fixation laisse le talon libre, évoquant tout à fait les antiques systèmes du ski alpin, avec étrier avant, câble et tendeur ; toutefois, sans les lanières !

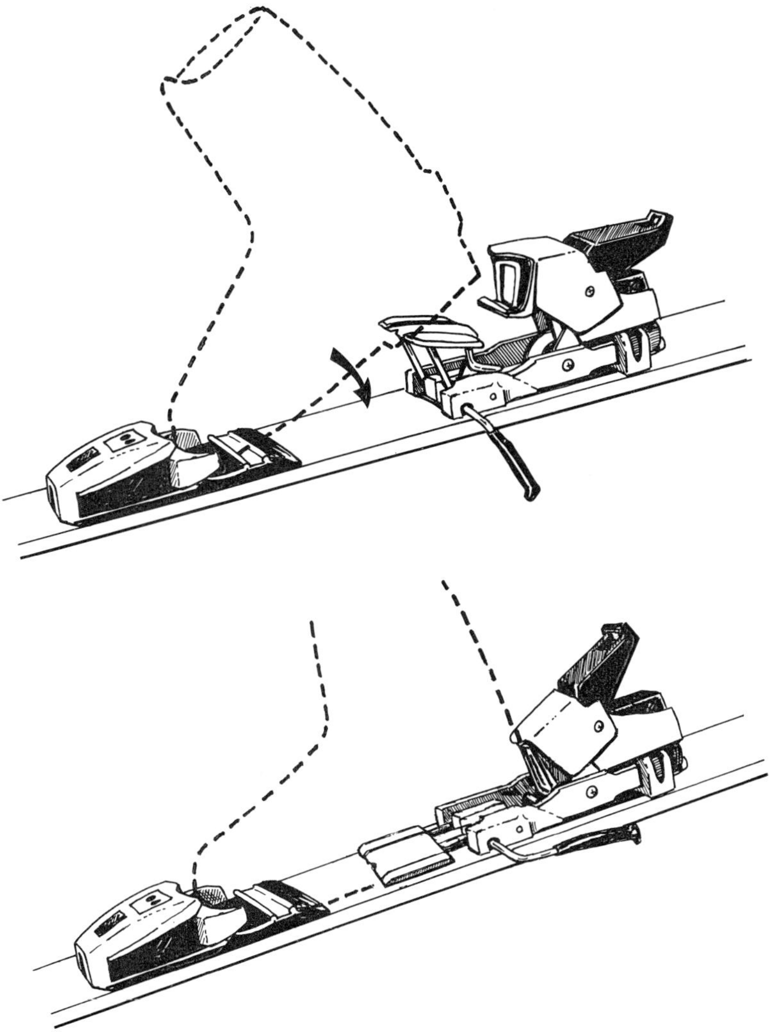

La fixation traditionnelle de ski alpin. Quand on la verrouille d'un coup de talon, les deux ergots qui ancrent le ski dans la neige se relèvent. En cas de chute, le choc provoque son ouverture automatique.

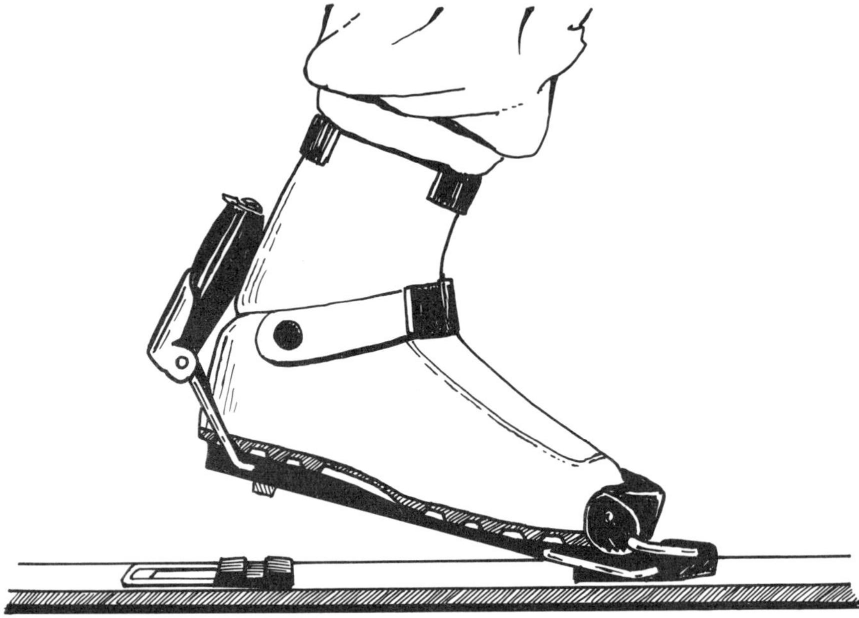

Ci-dessus, fixation à plaque articulée pour le ski de montagne.
Ci-dessous, couteaux à glace. Amovibles, ils sont utilisés pour progresser en terrain glacé, là où les « peaux de phoques » ne suffisent pas à garantir l'adhérence.

Ski de montagne

Cette fixation à plaque est articulée pour la montée et est équipée d'un système de verrouillage pour la descente. Elle n'a pas de frein, comme les modèles destinés au ski de piste, mais des courroies de sécurité relient le ski à la chaussure au cas où on déchausserait. En revanche, elle est équipée d'une cale qui maintient le talon en position confortable à la montée (voir p. 105) et d'un système de rappel pour équilibrer le ski.

Qualités essentielles d'une bonne fixation de randonnée : la légèreté et la fiabilité. En résumé, la simplicité.

LES CHAUSSURES

Ski, mono, bosses, hors-piste, KL, ski artistique et acrobatique

Quelques éléments de choix

Le marché offre une très vaste gamme de chaussures et l'on se perd souvent dans les critères trop techniques. Restons-en aux vérités de base. Le premier critère est le confort : à chaque forme de pied sa marque. Reste à savoir quelles concessions on est prêt à faire en la matière au profit de la technicité. Les deux notions vont en effet souvent à l'encontre l'une de l'autre : il est difficile d'obtenir une bonne tenue du pied (technicité) en même temps que la souplesse (confort).

Il s'agit donc aussi d'admettre en toute humilité que moins on estime son niveau technique élevé, moins on a besoin d'une chaussure « technique ». Par ailleurs, le débutant ressent d'autant mieux les mouvements que ses chaussures sont souples. Sans oublier, pour ce qui est des chaussures dotées de nombreux systèmes de réglage, que plus ces derniers sont sophistiqués, plus il y a de risques de se tromper. Mieux vaut donc adopter le principe de faire avec le matériel dont on dispose.

Les deux familles de chaussures : ci-contre, le modèle « portefeuille », plus technique mais moins confortable que le modèle à entrée arrière (ci-dessous).

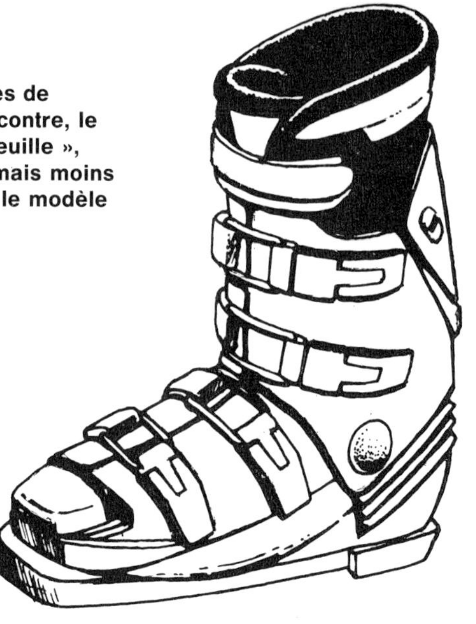

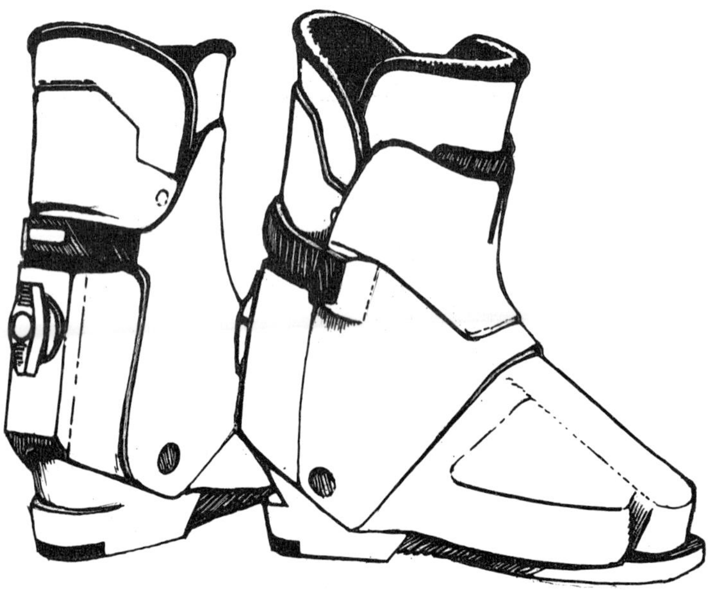

Les deux familles

Il existe désormais deux grandes familles de chaussures de ski : à entrée arrière, ou du type « portefeuille ». Les premiers modèles sont confortables, faciles et rapides à régler, étanches. Mais les seconds sont plus techniques : ils offrent une meilleure tenue et se révèlent donc moins confortables. Il faut par conséquent se situer parmi les skieurs dilettantes ou les pratiquants exigeants.

Surf

Le cahier des charges de la chaussure de surf idéale est complexe et ressemble assez, en définitive, à celui de la chaussure de randonnée alpine. Beaucoup adoptent donc cet équipement. Le problème vient de la position en biais du surfeur, qui impose aux chaussures des axes d'efforts différents. En bonne logique, la chaussure droite et la chaussure gauche devraient donc être différentes ; la différence prenant bien sûr en compte le fait qu'on soit goofy ou regular. Pour l'heure, la recherche s'orienterait vers des chaussures modulables.

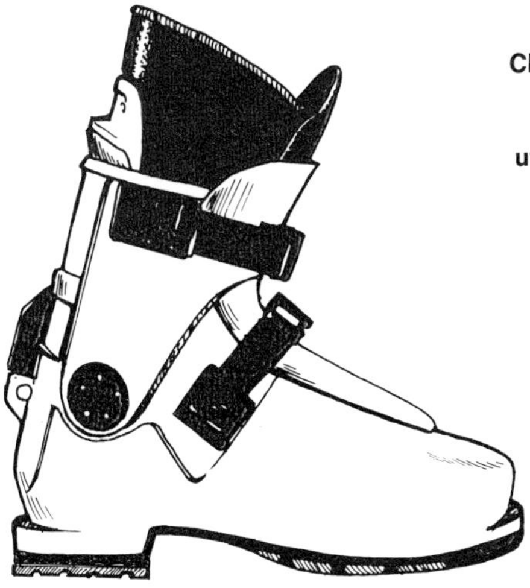

Chaussure de ski de montagne, très proche de celle utilisée pour le surf.

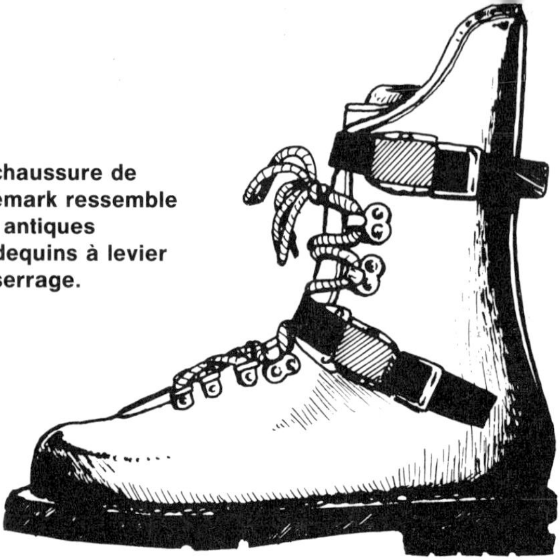

La chaussure de Télémark ressemble aux antiques brodequins à levier de serrage.

Télémark

La chaussure de Télémark se distingue par sa semelle souple, alors que toutes les autres sont rigides. Elle doit en effet permettre le déroulement de l'orteil, indispensable au geste de génuflexion caractéristique du virage Télémark. Elle garantit par ailleurs une bonne tenue latérale, tout en étant souple dans le sens longitudinal. Aujourd'hui, les chaussures de construction mixte cuir-plastique font l'unanimité des utilisateurs.

Ski de montagne

Ces chaussures doivent d'abord être chaudes et étanches, car on reste des heures dans la neige. Elles doivent être modulables, c'est-à-dire souples pour la montée et fermes pour la descente. Pour les moments où l'on est amené à marcher, elles sont doublées d'une semelle Vibram. Ce qui pose d'ailleurs un problème de sécurité à la descente, le système antidérapant du Vibram ne facilitant pas le déchaussage automatique en cas de chute. Beaucoup de randonneurs optent pour des chaussures de ski classique légères et simples, qu'ils ouvrent à la montée.

LES BATONS

La longueur théorique des bâtons

Quand on les tient, on doit avoir les avant-bras horizontaux, mais il y a des exceptions : pour le monoski, les bâtons sont plus longs, afin de mieux s'équilibrer. Pour le ski de randonnée aussi, afin de mieux pousser à la montée. Les bâtons de ski artistique sont quant à eux très longs (1,35 m) et bien entendu solides, car on y prend appui de tout le corps. Les bâtons de Télémark sont en revanche plus courts, parce qu'on adopte une position plus basse.

La forme des bâtons

La forme tordue a plusieurs raisons. Pour le kilomètre lancé, par exemple, elle permet de diminuer la prise à l'air, en faisant épouser aux bâtons la forme du corps. En ski alpin et de bosses, elle donne au planter de bâton la meilleure incidence par rapport au terrain, sans que l'on ait à « casser » le poignet.

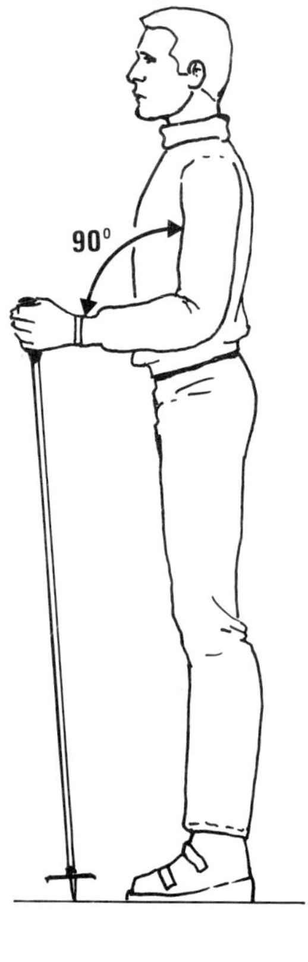

La manière de déterminer la longueur d'un bâton de ski alpin :
plier le bras à 90°
et tenir le bâton
de sorte que son extrémité touche le sol.

S'HABILLER POUR SKIER

C'est sûr, il existe des gens plus frileux que d'autres. Mais il y a surtout ceux qui savent se protéger du froid, et ceux qui ne le savent pas. Quand on connaît les mécanismes de l'action du froid sur le corps, on peut effectivement se défendre. En résumé, il faut garder à l'esprit que le froid n'attaque pas le corps d'un seul coup, dans son ensemble, mais qu'il lance des opérations de guérilla sur des fronts très localisés. Il lui suffit de renverser alors quelques barrières pour prendre définitivement position. Si ces barrières-là tiennent, le froid ne passera pas.

Les fronts sur lesquels le froid attaque

Le contact avec la neige

C'est la première arme du froid, connue sous le terme de phénomène de conduction : le froid de la neige se transmet aux chaussures, puis aux chaussettes, malgré le doublage isolant de la coque. Il y a aussi toute cette neige qui se dépose subrepticement dans les plis des vêtements, qui s'insinue par les extrémités des manches, par les fermetures à glissière pas complètement zippées. Une humidité glaciale envahit alors par capillarité vos sous-vêtements.

Le réflexe de sacrifice des extrémités

On parle aussi de vasoconstriction. Il faut savoir que le corps, afin de maintenir son noyau central à une température constante d'environ 37 °C, a le réflexe de réduire le diamètre des vaisseaux sanguins situés à ses extrémités, pour les empêcher de ramener vers le cœur un sang refroidi au contact de l'air glacial. Voilà pourquoi on a si vite froid aux extrémités. Mais, avant même que l'on ait effectivement ressenti ce froid, le mal est fait. L'air a déjà refroidi le sang contenu par les vaisseaux sanguins de surface, et le froid s'est transmis au centre du corps.

Phénomène aggravant, les pieds comprimés dans les chaussures et les doigts engoncés dans les gants épais sont mal irrigués par le sang chaud venu du cœur. Le serrage des chaussures comprime toujours plus ou moins les vaisseaux sanguins. Relâcher la tension entre deux descentes fait donc plus que mettre les pieds à l'aise : cela réchauffe. De même, il est courant qu'en enfilant deux paires de chaussettes on se serre tellement les pieds qu'on a, en définitive, plus froid qu'avec une seule paire ! Ne pas oublier non plus que si l'on a froid aux pieds ou aux mains, c'est peut-être aussi parce que l'ensemble de l'habillement est insuffisant, ce qui a déclenché le réflexe de vasoconstriction.

La perte de chaleur par rayonnement

Il faut savoir que le corps diffuse de la chaleur proportionnellement à l'écart existant entre sa température et l'air ambiant : on a ainsi calculé que ce rayonnement était responsable de 50 % de la perte totale de chaleur du corps, qui se fait pour la plus grande part par la tête, au niveau de la nuque et du front.

Les alliés du froid

L'humidité

La conductibilité thermique de l'eau est bien supérieure à celle de l'air : c'est pour cette raison qu'à la même température de 18 °C, un bain est ressenti comme froid, et l'air comme chaud. De la sorte, on a calculé que l'humidité contenue dans l'air multipliait jusque par 14 l'action du froid ! Mais il faut compter aussi avec l'humidité provoquée par la transpiration, à l'intérieur des vêtements. Surtout quand cette dernière finit par se condenser ! Elle constitue alors une chape glaciale qui enveloppe le corps tout entier.

Le vent

Il augmente considérablement les effets du froid. En effet, quand on est immobile et qu'il n'y a pas de vent, il se forme autour du corps une couche d'air réchauffé qui agit comme un bouclier thermique. Mais, si le vent se lève, si l'on bouge,

LE « WIND CHILL FACTOR »

(L'EFFET DU VENT SUR LA TEMPÉRATURE)

Température ressentie par la peau

		Température indiquée par le thermomètre								
Eléments pour connaître la vitesse du vent	vitesse du vent (km/h)	+ 5°	0°	– 5°	– 10°	– 15°	– 20°	– 25°	– 30°	– 35°
La fumée de cigarette indique la direction du vent	5	+ 4	– 1	– 6	– 11	– 16	– 21	– 26	– 31	– 36
	10	+ 2	– 4	– 10	– 14	– 20	– 25	– 30	– 36	– 42
On sent le vent sur le visage	15	0	– 8	– 13	– 17	– 25	– 30	– 37	– 43	– 51
Les petites branches des arbres s'animent	20	– 1	– 9	– 16	– 22	– 29	– 35	– 41	– 48	– 55
	25	– 3	– 11	– 19	– 25	– 32	– 39	– 45	– 53	– 59
Les grosses branches bougent, les fils électriques sifflent	30	– 5	– 13	– 20	– 27	– 34	– 41	– 47	– 56	– 62
	35	– 7	– 14	– 22	– 29	– 36	– 43	– 50	– 58	– 65
	40	– 9	– 15	– 23	– 30	– 37	– 45	– 52	– 61	– 68
	45	– 11	– 16	– 25	– 32	– 39	– 47	– 54	– 63	– 70
La marche contre le vent est difficile	50	– 12	– 17	– 26	– 38	– 40	– 48	– 55	– 64	– 72
	55	– 12	– 18	– 26	– 38	– 40	– 49	– 56	– 65	– 74
La marche contre le vent devient impossible	60	– 12	– 19	– 27	– 36	– 41	– 50	– 57	– 66	– 74
	65	– 12	– 20	– 28	– 36	– 43	– 51	– 58	– 68	– 75
		Peu de danger si les vêtements sont adaptés			*Toute peau nue se trouve en danger*				*Risques graves de gelures*	

* *Quand le thermomètre indique 0 °C, si le vent souffle à 10 km/h ; l'effet du froid sur la peau correspond à une température de – 4 °C sans vent.*

cette couche d'air est chassée en permanence, et l'on a beaucoup plus froid. Autrement dit, la température indiquée par le thermomètre n'a plus rien à voir avec celle que le corps subit effectivement s'il y a du vent. Par vent à 25 km/h et température extérieure à 0 °C, le corps subit une température effective de 11 °C en dessous du zéro. Bien entendu, que ce soit le vent qui souffle sur la montagne ou celui que provoque votre vitesse, le résultat est le même.

L'altitude

En moyenne, on considère que, tous les 1 000 mètres d'altitude, la température de l'air baisse de 6 °C. Il faut y penser au pied des remontées mécaniques. Sans compter que, là-haut, le vent souffle toujours plus fort.

Les barrières à opposer au froid

Le froid attaque par conduction ? Opposez-lui des obstacles thermiques : isolez-vous. Les skieurs de descente n'ont jamais intérêt à porter une importante épaisseur de chaussettes. Ce n'est pas un problème, parce qu'il n'existe rien de plus chaud et de plus fin que les chaussettes de soie. Cela est vrai aussi pour les gants : mieux vaut donc porter des gants souples qui laissent bien circuler le sang dans les doigts et les doubler de gants de soie que de s'engoncer dans des gants trop épais. A ce sujet, à qualité de fabrication égale, les moufles sont plus chaudes que les gants, puisqu'elles exposent moins de surface à l'air froid.

Il faut protéger les extrémités ! On ne skie jamais sans gants. C'est d'une part imprudent, comme on peut aisément s'en rendre compte à la première chute les mains nues. Mais, surtout, c'est une quasi-garantie de frissonner au moment précis où l'on arrête de skier.

Stopper la déperdition de chaleur par rayonnement. Évidemment, les bonnets ou autres passe-montagnes, on aime ou on n'aime pas. En revanche, rappelons que les points clés du rayonnement sont le front et la nuque. C'est-à-dire que, en portant un bandeau, on évite à la fois la désagréable impression des cheveux qui grattent, et on ferme une porte au froid. Ce bandeau a aussi l'avantage d'absorber la transpiration, mais, à ce propos, il faut éviter les bandeaux en éponge de coton qui, une fois humides, gèlent.

Combattre les alliés du froid

L'humidité est l'adversaire le plus délicat. Si on lui oppose une barrière étanche, on transpire, et la transpiration finit par se condenser : on est alors trempé de l'intérieur ! Il est vrai que les vêtements réalisés en matériaux respirants — dont le célèbre Goretex — limitent énormément les effets nocifs de l'humidité. Il n'empêche que la priorité des priorités est d'interdire au phénomène de transpiration de se déclencher. Autrement dit, il ne faut jamais avoir trop chaud. Et, pour cela, la seule solution est de se découvrir avant que sous les aisselles ou, plus grave, entre les omoplates on ne ressente une impression d'humidité.

En enlevant et en remettant son bonnet, on arrive à une étonnante régulation thermique du corps. De même en relevant ses manches pour exposer au froid les veines de l'intérieur des avant-bras. Chaque fois que possible, aussi, il faut ouvrir ses vêtements pour que l'humidité disparaisse.

Puisqu'il convient donc d'adapter en permanence son habillement à la température ressentie, mieux vaut porter plusieurs épaisseurs de vêtements amovibles qu'une seule, épaisse. C'est le problème des combinaisons trop bien doublées : à l'arrêt, ou bien je ferme et je meurs de chaud, ou bien j'ouvre et j'ai froid. Les vêtements modernes conçus pour le sport permettent de se protéger des températures les plus extrêmes en portant seulement trois épaisseurs. A condition de l'admettre psychologiquement...

Il faut aussi se défendre contre le vent. On éprouve souvent une certaine répulsion à se protéger du vent et on a une tendance à considérer que les capuches ne servent à abriter que de la neige et de la pluie. C'est une erreur. Il faut au contraire s'enfermer dans sa capuche et faire face à un vent très fort : on le sent alors à peine, parce qu'il bute contre le matelas d'air qui se forme, grâce à la capuche, devant le visage.

Tenue de base pour skier au plus froid de l'hiver. La combinaison monopièce garantit une protection sans faille. Pas question d'oublier les gants, tandis que les lunettes servent à protéger aussi bien du vent que du soleil.

Tenue de printemps : le pantalon-salopette permet une meilleure climatisation car, au soleil, il peut faire très chaud. Les lunettes doivent être de très bonne qualité, sans quoi on risque l'ophtalmie des neiges.

LA THÉORIE DES TROIS COUCHES

Depuis quelques années, les fabricants de vêtements spécialistes des conditions extrêmes ont défini un mode d'habillement en trois couches, permettant de faire face à des températures en même temps extrêmes et brutalement variables.

Ce concept repose sur l'utilisation d'une première couche de sous-vêtements, d'une deuxième couche chargée de maintenir contre le corps un épais matelas d'air et d'une troisième couche qui protège le matelas d'air lui-même.

Les sous-vêtements ont pour qualité principale d'être hydrofuges : ils absorbent la transpiration et, par capillarité, l'évacuent à l'extérieur du vêtement. A l'inverse, donc, de la laine, qui conserve l'humidité... mais la réchauffe, et du coton qui, lui, la refroidit : à éviter formellement. Ces sous-vêtements synthétiques sont réalisés dans des matières comme le polypropylène, sous appellation Lifa ou Meraklon. Il y a aussi la célèbre fibre Dunova, utilisée par Mac et Degré 7.

La couche du milieu se compose d'un matériau capable d'« enfermer » de l'air. Parce que ce qui tient chaud, ce n'est pas le matériau lui-même, mais sa capacité à enfermer de l'air réchauffé au contact du corps. La doudoune de duvet en est le meilleur exemple : si on la comprime sous un autre vêtement, elle n'est plus chaude du tout. Cette couche est idéalement obtenue avec les fourrures et feutres polaires type Polar-Lite et Polar-Plus. Comparativement à la laine naturelle, ces matières sont, à poids égal, deux fois plus chaudes !

La couche extérieure est un ensemble coupe-vent imperméable et respirant. De ce point de vue, on n'a pour le moment rien fait de mieux que le Goretex. Ce dernier n'est pas une matière textile comme on le croit souvent, mais un traitement appliqué à un tissu de base. Il existe aussi des membranes de Goretex, placées entre le tissu extérieur du vêtement et sa doublure.

CHAPITRE 3

Initiation et progression

Les pages qui suivent décrivent les principales techniques du ski, du monoski et du surf. Pas question, cependant, d'apprendre à skier à partir du livre, qui doit être plutôt considéré comme un aide-mémoire. Notez qu'en ce qui concerne les classes A et B, une fois assimilé le virage élémentaire, la transition vers le niveau supérieur se fait par la capacité à pratiquer ces techniques sur des pentes de plus en plus raides.

ÉQUIVALENCE DES ÉCHELLES DE NIVEAU UCPA – École du ski français

	CLASSEMENT	
	UCPA	**ESF**
Vous allez mettre les skis pour la première fois	**Accueil**	**Accueil**
Vous avez quelques jours de ski (de 3 j. à 1 sem.) et vous virez en chasse-neige		
– un peu	**A**	**1**
– aisément	**B**	**1**
Vous commencez à tourner skis parallèles, mais écartés (pistes faciles)	**C**	**2**
Vous tournez skis parallèles sur :	**D**	**3**
– pistes faciles	**D+**	**3**
– pistes difficiles	**E**	**3**
Vous pratiquez le ski en toute neige et tout terrain, éventuellement la compétition	**F**	**4**

◀ **Au bout des séances d'initiation s'ouvrent les grands espaces.**

La trace directe 1er degré

Chercher la stabilité sur les deux pieds en évitant de se laisser partir en arrière, en regardant loin devant et en faisant varier l'écart entre les deux pieds.

C'est la première glissade à laquelle on s'essaie, sur un terrain à pente faible, autorisant un arrêt naturel. Il est important de skier tout de suite avec et sans bâtons, en recherchant la stabilité.

La trace directe avec petit saut

Cet exercice est très important ; il s'agit en fait de sauter à pieds joints en oubliant qu'on se trouve sur des skis !

Une fois la stabilité acquise, faire divers exercices tout en glissant : lever un pied, ramasser un objet, se baisser, se lever, déclencher un petit saut...

La trace directe en traversée

Le ski amont est légèrement plus avancé, mais on prend appui sur le ski aval. On porte le regard à la fois vers l'avant et en aval. On s'attache à tracer dans la neige deux sillons parallèles et rectilignes.

Dès que la pente devient trop forte, on descend en biais. Pour aller droit, les skis doivent couper la neige, c'est ce qu'on appelle la « prise de carres ». Les deux jambes travaillent de manière différente : le ski en haut est dit « amont », le ski en bas est dit « aval ».

Le dérapage

A partir d'une traversée en trace directe, dès qu'on relâche l'effort exercé pour trancher la neige, on dérape.

Le dérapage sert à perdre de l'altitude sans pour autant prendre de la vitesse. C'est aussi la technique qui permet d'apprendre à tourner. On dérape en avant (dérapage en biais), à l'arrêt (dérapage latéral), et pourquoi pas en reculant ?

1. Le chasse-neige glissé.
2. En appuyant sur le ski droit, on tourne à gauche.
3. En fin de virage, redresser le corps.

1

2

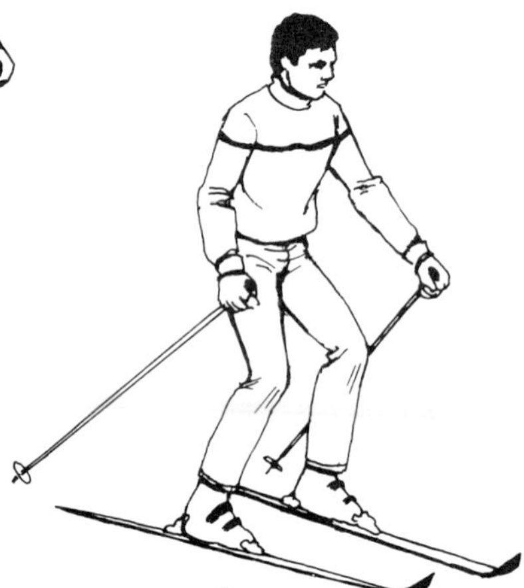

3

4 et 5. On continue en traversée.

Le virage chasse-neige

A la fin de la toute première leçon, on a appris le geste du chasse-neige : chercher à joindre les spatules et à écarter les talons tout en continuant d'avancer. C'est ce qu'on appelle le chasse-neige glissé.

Dans cette position, si on appuie plus sur un ski que sur l'autre, on tourne : en appuyant sur le ski droit, on tourne à gauche ; en appuyant sur le ski gauche, on tourne à droite.

Si le corps continue à accompagner cette courbe, le virage se fait naturellement, mais il y a un certain temps de réponse qu'il faut accepter. A la fin du virage, on peut soit redresser le corps et continuer en traversée, soit, sans changer de position, transférer le poids du corps sur l'autre jambe pour tourner en sens inverse.

4

5

L'arrêt stemé

C'est le premier mouvement permettant de s'arrêter rapidement, en mettant les skis en travers de la pente. Par stem, on entend une position de chasse-neige obtenue par le déplacement d'un seul ski.

A partir d'une position de chasse-neige, on ramène rapidement le ski amont parallèle au ski aval (1). Ce mouvement fait déraper et pivoter le ski aval (2), et on se retrouve en travers de la pente en dérapage (3). Pour stopper, on se redresse, éventuellement on plante le bâton aval pour s'équilibrer.

Le ski n'est pas seulement une technique, mais un moyen de découvrir la haute montagne. ▶

Le dérapage arrondi élémentaire

Il s'agit de se déplacer en courbe tout en gardant les skis parallèles : c'est déjà une approche du virage skis parallèles. A la suite d'une trace directe en traversée, sur pente faible, on met les skis à plat sur la neige et on porte le poids du corps légèrement en avant. Mettre les skis à plat provoque le dérapage, et mettre le poids du corps en avant provoque l'arrondi.

Quelques conseils : appuyer davantage sur le ski aval (1), ne pas vouloir pivoter trop vite ni rejeter le haut du corps vers l'amont (2).

Une couche de poudreuse sur un tapis de velours. ▶

Le virage élémentaire dynamique

Plus technique que le virage chasse-neige, il est le passage obligé pour accéder au virage parallèle. Il s'agit de débuter comme on le fait pour un virage chasse-neige et de continuer comme pour un arrêt stemé.

2

2. Pour entrer dans le virage, on porte le poids du corps sur le ski extérieur.

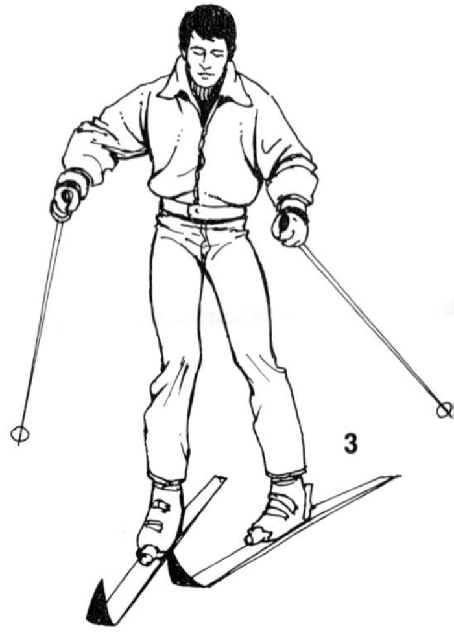

3

3. Au moment où l'on se trouve face à la ligne de pente, on ramène « avec dynamisme » (d'où le nom du virage), le ski intérieur parallèle au ski extérieur.

1

1. Pour déclencher le virage élémentaire dynamique, on effectue un chasse-neige glissé.

Pour assimiler ce virage, le plus important est de ne pas vouloir tourner trop vite et se forcer à décomposer le mouvement ; accepter l'accélération en restant équilibré quand on fait face à la pente.

4

4. Au lieu de s'arrêter, on repart en traversée et on se prépare à un nouveau virage.

1

Préparation (1 et 2) : à partir d'une trace directe en traversée, on ouvre le ski amont en stem (1), et on se prépare à planter son bâton, dans une attitude assez fléchie (2).

2

Déclenchement (3) : on prend appui sur le bâton pour se redresser ; on ramène le ski intérieur parallèle au ski extérieur, et on porte tout le poids du corps sur le ski extérieur, ce dernier restant à plat sur la neige. La situation est en fait similaire au déclenchement de l'arrêt stemé (voir p. 60).

3

Quelques conseils : bien lier dans un mouvement coulé les phases 1, 2 et 3 ; mais le redressement en 3 est dynamique, alors que l'abaissement du corps est progressif.

Le virage stemé

C'est la première technique permettant l'enchaînement rapide de plusieurs virages. C'est aussi le premier virage dont la conduite s'effectue entièrement les skis parallèles. Le virage stemé doit être parfaitement assimilé avant de passer à la technique supérieure : le virage parallèle.

Conduite du virage (4-5-6) :
on revient petit à petit en position fléchie,
tout en maintenant les skis à plat sur la neige
et le poids du corps sur le ski extérieur.
La situation est maintenant similaire
au dérapage arrondi (p. 62).

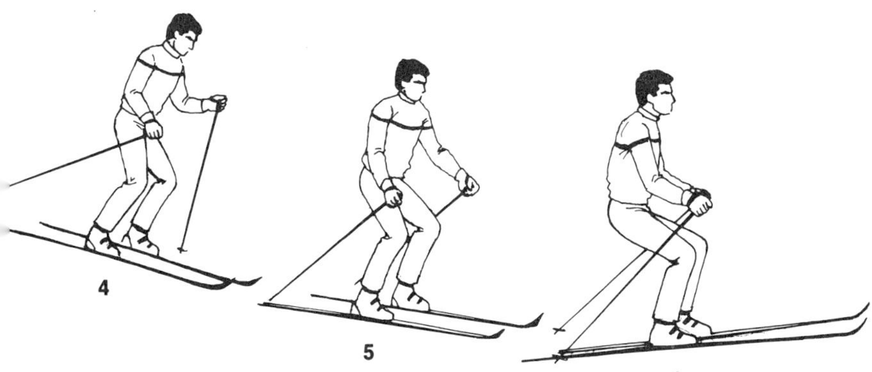

Le virage parallèle de base

C'est le premier virage effectué, depuis sa préparation même, en gardant les skis parallèles. Il représente la base des virages de la technique des skieurs de bon niveau.

Déclenchement (3-4) : le planter de bâton permet de prendre appui pour se redresser rapidement (3) et projeter le poids du corps sur le ski extérieur (4).

1

Préparation (1-2) : partant d'une trace directe en traversée, avec pieds écartés de 15 ou 20 cm, on s'abaisse (1) et on amène la pointe du bâton aval quelque part entre spatule et chaussure (2).

2

Conduite (5-6) : on fléchit de nouveau progressivement pour contrôler la prise de carre ; c'est le fléchissement qui conditionne le rayon de la courbe du virage : plus il est rapide et « en avancée » sur les skis, plus le rayon de courbe est réduit.

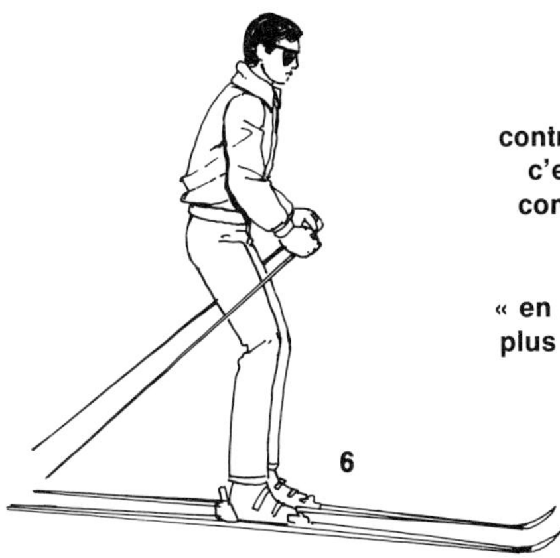

6

La godille de base

La godille est la technique utilisée pour descendre une pente raide et étroite. C'est un enchaînement de virages parallèles de base rythmé, rapide et dynamique.
A la différence de ce que provoquerait une succession de virages dont la conduite serait très réduite, le skieur garde ici sa position face à la pente.
Il est important de bien synchroniser l'appui sur le ski aval et le planter de bâton au moment du déclenchement.
La sensation à rechercher est celle d'un rebondissement d'un déclenchement à l'autre. Pour cela, chercher à se fléchir rapidement pendant chaque virage.

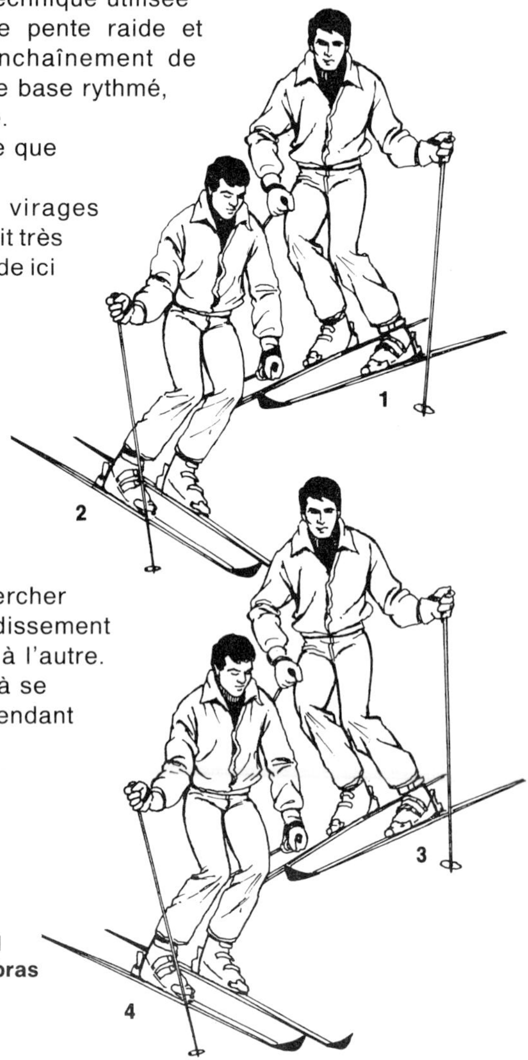

Conseils : s'obliger à regarder loin en aval et à bien écarter le bras pour planter le bâton (1, 2, 3, 4)

Le pas du patineur

Il sert à se déplacer sur le plat, voire en légère montée, ou à accélérer dans une pente. La technique est proche de celles du patin à roulettes ou du ski de fond.

1

2

S'appuyer sur un ski pour se propulser sur l'autre, mis en divergence (1, 2).

Ne pas hésiter à se laisser glisser longtemps sur ce ski.

3

Ramener l'autre ski en parallèle, avant de se lancer sur lui. Pour se propulser avec moins d'effort, on s'aide des bâtons (3, 4).

4

Les virages GTE

A la fin d'un premier virage (1), le corps se trouve comprimé sur les skis (2-3), le skieur tourné vers la pente (3). Cette position est le point de départ d'un second virage ; en laissant le haut du corps partir dans la pente (4), la tension musculaire emmagasinée lors du premier virage est restituée sous la forme d'un pivotement.
Dans les deux cas, la conduite s'effectue de la même manière : un retour en flexion progressif, avec un appui sur le pied extérieur d'autant plus marqué que la neige est dure. En poudreuse, l'appui sur les deux pieds devient nécessaire.

1

2

Cette famille de virages « Grand Tourisme Évasion » permet d'accéder à l'ensemble des pistes de ski, quelle que soit la qualité de la neige. C'est un virage skis parallèles, dont le déclenchement est obtenu différemment en fonction de la qualité de la neige, de la pente, de la vitesse et du rayon de courbe désiré. On peut donc le déclencher par « extension pivotée », par « retour de vissage par réaction d'appui » ou par une combinaison des deux méthodes. L'illustration présente la technique du retour de vissage. Si la neige est douce, la pente faible, la vitesse moyenne et le rayon de virage moyen ou grand, on procède par extension pivotée : on se redresse en pivotant le corps vers l'intérieur du virage et légèrement vers l'avant. Si la neige est ferme, la pente plus forte, la vitesse plus élevée et le rayon de virage moyen ou court, on utilise le retour de vissage par réaction d'appui.

3

4

Le virage « performance »

C'est le virage utilisé en compétition, et en tout cas le plus proche de la technique des champions. Il permet de limiter au maximum le freinage dû au virage. Cet enchaînement exige à la fois du dynamisme pour déclencher le virage et de la puissance musculaire pour le conduire à grande vitesse.

4 et 5. On reprend une attitude intermédiaire pour préparer le déclenchement du virage suivant.

1

1. Comme en pas de patineur, la propulsion latérale du corps d'un pied sur l'autre en position divergente des skis permet d'obtenir une accélération.

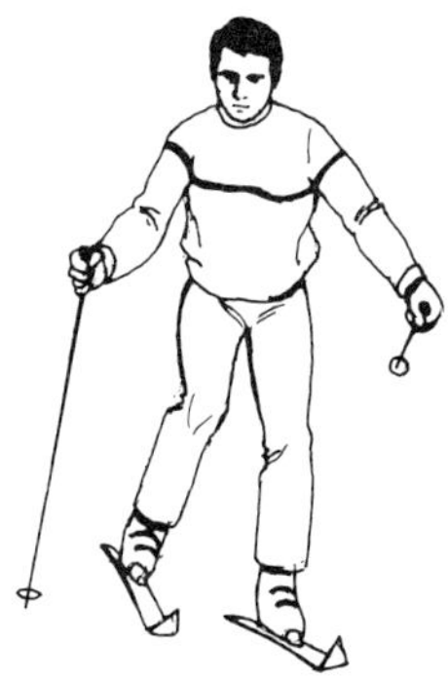

2

2. En rééquilibrant le corps sur le pied qui sera extérieur au virage, tout en ramenant l'autre pied, on engendre le déclenchement du virage. Le haut du corps reste orienté dans le sens du virage.

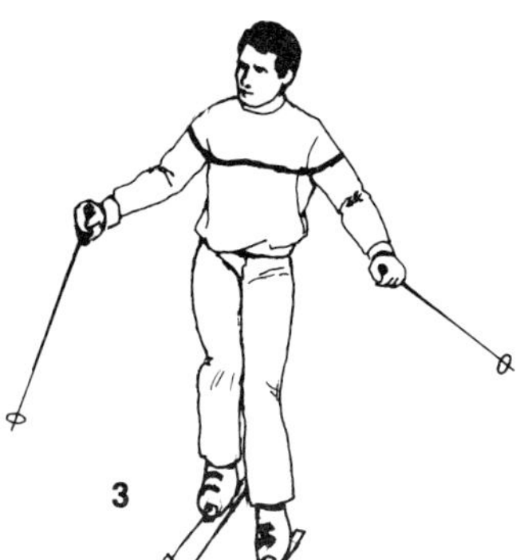

3

3. Le début de la conduite du virage se fait en position haute, en appui unique sur le pied extérieur, dans une attitude « disponible » : le pied extérieur est piloté par une action musculaire précise visant à une prise de carre accentuée, de manière que la forme du ski elle-même conditionne la courbe. Pendant toute la phase de conduite, le skieur revient progressivement à une attitude plus basse.

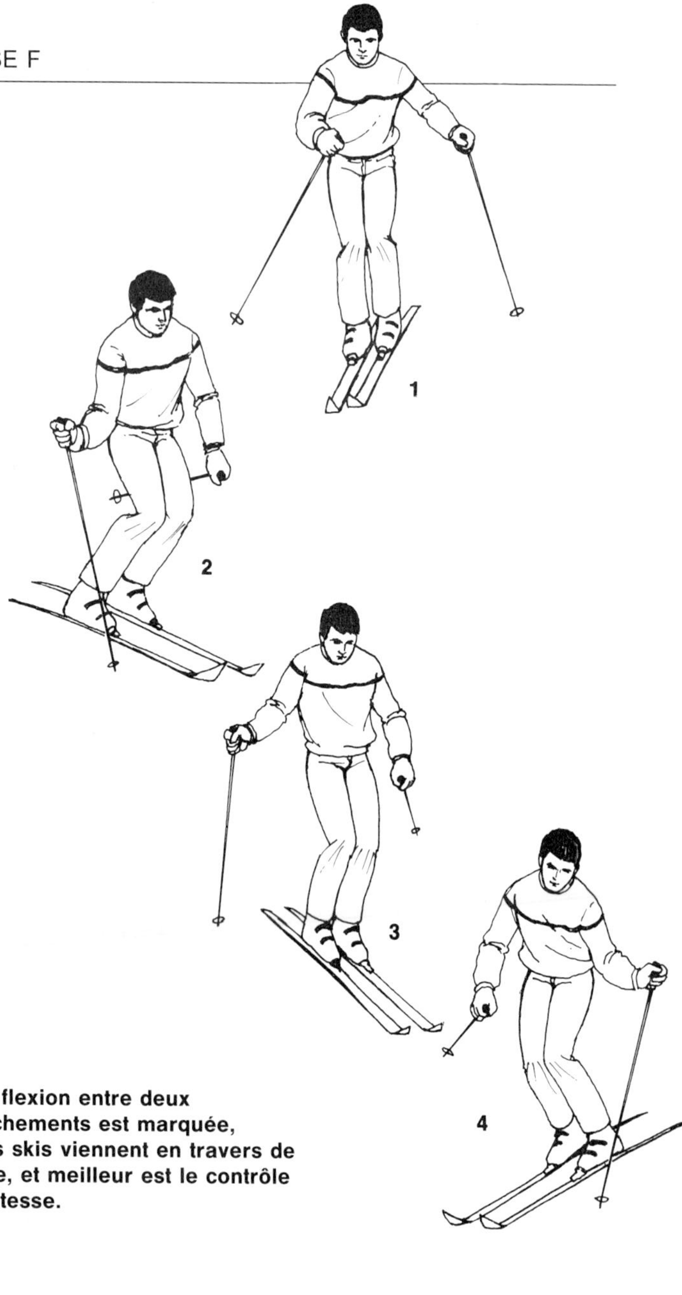

Plus la flexion entre deux déclenchements est marquée, plus les skis viennent en travers de la pente, et meilleur est le contrôle de la vitesse.

La godille GTE

C'est la godille qu'on utilise dans les champs de bosses. Elle permet un bon contrôle de la trajectoire, quelle que soit la pente. Elle peut s'effectuer à des rythmes plus ou moins rapides, mais exige tonicité musculaire et synchronisation parfaite des gestes. Le planter de bâton est fondamental : c'est lui qui permet au corps de demeurer face à la ligne de pente.

1. Fin du premier virage et préparation du planter du bâton pour le virage n° 2.

2. Entre 1 et 2, les skis ont pivoté grâce à un retour en flexion. A la fin de celui-ci, on plante le bâton et on se comprime sur les skis en position de vissage.

3. Le haut du corps ayant basculé dans la pente, les skis se libèrent et pivotent dans le sens du virage.

4. Retour en position 2.

Le saut de terrain

Il s'agit ici d'un mouvement de « ski-fun ». Il y a des tas d'autres façons de sauter, celle-ci étant baptisée « gratte-dos ». Le vrai problème est celui de la surface d'atterrissage : plus la pente est forte, plus on se trouve en sécurité.

L'avalement

Pratique de terrain de bosses et accidenté, dont le but est d'éviter de se faire secouer : les jambes fonctionnent en effet comme des amortisseurs. La tête suit la ligne générale de la pente, le reste du corps se regroupe et se détend selon la configuration du relief. Un but à atteindre : ne jamais quitter la surface de la neige.

Il arrive que la pente soit trop forte pour qu'on puisse mettre en œuvre les techniques de virage classiques. Dans ces cas-là, on pratique un virage sauté. L'objectif est de faire pivoter les skis d'un côté à l'autre de la ligne de pente le plus vite possible, en évitant surtout que les talons des skis ne butent contre la neige.

Le ski en pente forte

Le pivotement des skis se fait donc pendant le saut. On replie les jambes au maximum, le bâton sert de pivot, et la retombée se fait en souplesse. Impératif : les skis doivent se trouver rigoureusement perpendiculaires à la pente.

En cas de neige à fond inconsistant, on peut s'aménager une plate-forme de prise d'appui en tassant la neige sous les pieds, sur toute la longueur du ski.

CHAPITRE 4

Le monoski

Sa technique est apparentée à celle du ski, mais il est souhaitable de ne pas l'appréhender à un niveau inférieur à la classe D. La différence fondamentale est qu'on se trouve en appui sur le pied intérieur et qu'on cherche à soulever le pied extérieur. La mobilité du bassin est donc un élément d'équilibre prépondérant. L'important, au début, est de multiplier les exercices d'équilibre quels que soient le degré de pente et la vitesse, et de maîtrise de la trajectoire.

En traversée, le skieur est en appui sur le pied amont. Le bassin est basculé en amont pour obtenir un bon ancrage de la carre. Plus la neige est dure et la pente forte, plus le buste doit se trouver tourné vers l'aval.

◀ **L'image volontiers acrobatique du monoski.**

La conduite de virage

2

2. Se servir de son bassin pour conserver l'équilibre.

3

3. Déployer les bras en balanciers.

4

4. Surtout ne pas refuser la pente.

1

1. Déclenchement du virage.

Par rapport au ski traditionnel, le déclenchement du virage nécessite une inclinaison plus marquée à l'intérieur du virage, ainsi qu'une extension plus dynamique.

Dans la phase de conduite, l'équilibrage latéral est résolu principalement par le travail du bassin, les bras et les bâtons servant de balanciers.

Conseil : éviter toutes les positions de recul qui rendent le monoski survireur et impossible à maîtriser ; quelle que soit la qualité de la neige, l'équilibre avant-arrière doit demeurer le plus neutre possible.

5

5. Continuer en traversée en contrôlant l'équilibre avant-arrière.

La poudreuse

Contrairement à une idée répandue, dans la poudreuse, il ne faut pas obligatoirement se jeter en arrière. Cela ne sert qu'à descendre droit dans la ligne de pente, ce qu'on appelle un « straight down ».

Au contraire, pour être efficace, une position avant-arrière parfaitement équilibrée est indispensable. Si on se penche trop en arrière sur une neige peu portante, l'arrière du monoski s'enfonce, fonctionne comme un aileron anti-dérive... et l'engin file tout droit.

Les bosses

La technique est complètement similaire à celle du ski. Le meilleur comportement, pour un bon skieur, étant d'oublier qu'il n'a qu'une planche pour deux pieds.

A savoir : il existe des monoskis courts et à la taille de guêpe marquée, spécialement conçus pour les bosses.

CHAPITRE 5

Le surf

La technique du surf de neige est plus proche de celles du surf de vagues et du skateboard que de celle du ski. Contrairement au mono, dont l'initiation exige une certaine expérience du ski, le surf peut être abordé par n'importe quel sportif.

La position de base : en pente faible, face à la pente, le poids du corps est en appui sur le pied avant, les épaules sont tournées vers l'avant, on regarde loin devant et les deux jambes sont fléchies. A partir de cette position, travailler sur pente faible pour prendre conscience des sensations de glisse et de pivotement.

◀ **L'initiation au surf :**
une nouvelle approche de la glisse.

Le virage de face, ou frontside

On se trouve en appui sur les orteils, et le haut du corps se tourne vers le centre du virage.

Déclenchement : on l'obtient par une inclinaison générale du corps vers l'intérieur du virage, combinée à une poussée du pied arrière vers l'extérieur. Bien s'équilibrer sur le pied avant et écarter les bras au maximum.

Conduite : on cherche à maintenir le surf sur sa carre intérieure en fléchissant les genoux et en prenant appui sur les orteils. La sensation à rechercher est celle des « pointes ».

Le virage de dos, ou backside

On se trouve en appui sur les talons (des pieds), et le haut du corps se tourne vers l'avant du surf.

Déclenchement : on l'obtient par un fléchissement marqué en même temps qu'une poussée du pied arrière vers l'extérieur du virage et par une inclinaison générale du corps vers l'intérieur. Il faut aussi s'équilibrer sur le pied avant et écarter les bras.

Conduite : le surf est maintenu sur sa carre par un appui sur les talons des pieds, en relevant les orteils et en contractant les abdominaux. Les épaules accompagnent le mouvement et restent bien positionnées vers l'avant du surf.

Le saut de base

C'est un décollement du surf par flexion rapide des genoux, au passage d'une petite bosse. Excellent exercice d'équilibre, le saut autorise de nombreuses figures.

Avant la réception au sol, reprendre sa position de base pour amortir avec les articulations inférieures.

SAVOIR QUELLE TECHNIQUE ON PEUT PRATIQUER SELON SON NIVEAU

STAGES / VOTRE NIVEAU	A ACCUEIL	B	C	D	E	F
RAID						
HOT SKI						
SLALOM						
HORS-PISTE						
RANDO/SKI/MONTAGNE						
MONOSKI						
SURF						
SKI DÉCONTRACTÉ						
SKI VARIATION						
SKI PASSION						

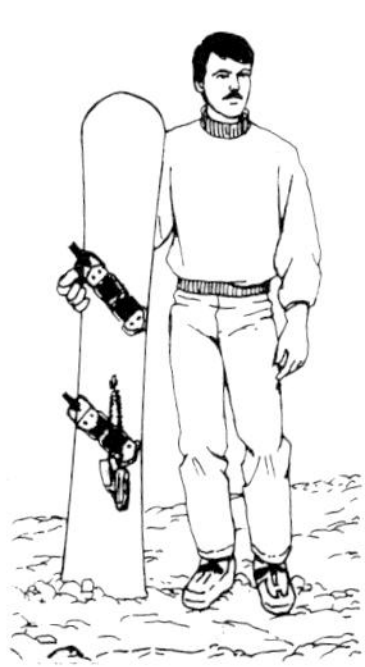

CHAPITRE 6

Skier en dehors des pistes

Il y a deux manières de pratiquer le ski en dehors des pistes balisées et damées. On peut utiliser une remontée mécanique et descendre en neige vierge : c'est ce qu'on appelle couramment le ski hors piste. Mais il est encore possible de partir par ses propres moyens vers un sommet ou un col pour le redescendre. On utilise alors des skis dotés d'une fixation articulée et d'un dispositif anti-recul (les « peaux de phoques », pour le plat et la montée). Cette pratique a pour nom « ski de montagne », ou encore « randonnée alpine ». Elle inspire aussi, depuis quelques années, des compétitions dites de « ski-alpinisme ».

Le « ski de couloir », ou encore « ski extrême » consiste à descendre des pentes très fortes en neige vierge. On utilise pour cela un matériel de ski alpin classique, l'accès au sommet du couloir s'effectuant soit à pied, soit au moyen de remontées mécaniques.

Et les déposes par hélicoptère ? C'est le moyen privilégié de pratiquer le ski hors piste, surtout dans les sites extrêmes. Mais il est interdit en France à cause des nuisances qu'il provoque — le bruit, notamment. Il demeure en revanche autorisé de l'autre côté des frontières.

D'aucuns affirment qu'il n'est de vrai ski que hors pistes. Le propos est peut-être exagéré, parce que élitiste. Il est bien certain pourtant, qu'à le pratiquer en dehors de tout contexte « civilisé » — des installations de remontées mécaniques notamment —, le ski prend une dimension supérieure. Et il suffit d'y goûter une première fois dans ces conditions pour en garder un souvenir inoubliable.

◄ Les curieux paysages que réserve la montagne (ici, à Tignes).

LE SKI HORS PISTE

Ces lignes sont adaptées d'une interview de Philippe Bonano, guide de haute montagne, moniteur de ski et auteur de plusieurs topo-guides de ski hors piste.

Les différentes approches du ski hors piste

Il faut en premier lieu faire le point sur l'affirmation suivante : « Le ski hors piste est dangereux. » On devrait plutôt dire qu'il pose de très nombreux problèmes techniques, et qu'on n'a pas droit à l'erreur. En clair, sa pratique exige une aussi bonne connaissance technique de la haute montagne que l'alpinisme. Tout comme la randonnée alpine.

Le hors-piste en station

On peut très bien skier à l'intérieur du domaine « sécurisé » d'une station, soit dans la zone déterminée et garantie par le service des pistes. En pratique, cela revient à évoluer dans les espaces situés entre les pistes balisées. C'est une bonne façon de s'habituer à skier en neige vierge, tant du point de vue strictement technique que pour l'acquisition des nouveaux réflexes. Ainsi, on doit s'astreindre à s'arrêter systématiquement en haut des bosses dont on ne sait jamais ce qu'elles cachent. On doit toujours réfléchir aussi à son itinéraire, ne serait-ce que pour s'éviter une remontée par ses propres moyens. Mais ce ski à moitié sauvage seulement trouve vite ses limites.

Le grand hors-piste

Il se pratique à l'extérieur du domaine sécurisé de la station, avec tous les risques que cela comporte. Pour les déterminer, il est intéressant de distinguer deux cas de figures : selon qu'on suit une trace ou selon qu'on ouvre sa propre trace.

Avant de suivre une trace, il faut se poser les questions suivantes : « Que ferai-je si je la perds (en cas de brume, par exemple) ? Que ferai-je si cette trace est mauvaise (ce

La merveilleuse complicité unissant les arbres et la neige.

peut être, par exemple, la trace du skieur qu'un hélicoptère a dégagé hier de la corniche où il était bloqué...) ? Que ferai-je si, en définitive, elle se révèle au-dessus de mon niveau technique (car le ski de couloir ne s'improvise pas !) ? Et si elle était bonne hier, peut-être est-elle dangereuse aujourd'hui (les conditions de neige évoluent en effet sans cesse, l'état du manteau neigeux suivant les variations de la température, des vents dominants, des chutes de neige ou de pluie ; la neige qu'on a à un moment donné sous les skis dépend en réalité de tout ce qui s'est passé les derniers jours et pour savoir sur quoi on skie, il faut donc avoir observé la montagne depuis un certain temps) ? » Il importe encore de savoir ce que la neige fraîche recouvre, afin de déterminer s'il y a ou non risque de coulées avalancheuses. Tout cela pour dire que l'existence d'une trace ne peut jamais constituer en soi une invitation saine au hors-piste.

Et s'il n'y a aucune trace ? La situation classique est celle du skieur de bon niveau, connaissant bien le domaine parce qu'il le fréquente depuis longtemps. Il y a même pratiqué plusieurs fois le hors-piste en compagnie d'un guide ou d'un moniteur. Ce skieur a donc toutes les raisons de penser qu'il peut s'aventurer seul dans la neige absolument vierge. Quels sont les problèmes qu'il va devoir affronter ?

Le premier est celui de l'itinéraire, soit qu'il se perde parce qu'il ne connaît pas tout à fait aussi bien le domaine qu'il le pensait, soit qu'une évolution de la neige ait fabriqué un piège : en fin de saison, la fonte d'un pont de neige au-dessus d'un torrent, par exemple. On retrouve donc de nouveau la question des conditions de neige : à très peu de temps près, le même secteur est skiable ou dangereux.

Comment pratiquer le ski hors piste en sécurité ?

La réponse est simple : en prenant un guide ou un moniteur. En vérité, le problème ne doit pas être seulement considéré en termes de sécurité, mais aussi en termes de qualité du ski pratiqué. Car il est certain que le professionnel se paie, et même plutôt cher.

Prendre un guide est en effet la certitude de skier toujours au meilleur endroit à une heure et dans des conditions climatiques données. C'est la garantie de faire le maximum de bon ski dans le peu de temps que durent les vacances de neige. C'est aussi la possibilité d'avoir pour seul souci d'affiner sa technique, sans devoir penser orientation ou risques d'avalanche.

Pour engager un guide ou participer à une sortie collective en hors-piste, il faut se renseigner à l'école de ski ou au Bureau des guides de la station.

Mais se trouver accompagné par un professionnel ne change rien aux responsabilités personnelles de chacun. Même si l'on fait confiance à son niveau technique, on doit avoir une condition physique irréprochable. A l'intérieur de la station, en cas de coup de pompe, on peut toujours s'arrêter ou prendre du repos. En hors-piste, ce n'est pas évident : il peut être impératif, par exemple, d'être passé à tel endroit avant telle heure, car la neige se transforme. On peut avoir aussi à accélérer le rythme devant une détérioration du temps.

Une grande classique : la descente de la Vallée Blanche.

Le matériel de ski hors piste

Des skis impeccables et des fixations parfaitement réglées. On y ajoute des courroies de sécurité, car les freins ne sont pas du tout suffisants en neige vierge.

Les bâtons télescopiques, qui pourront aussi servir de sonde.

Un petit nécessaire de réparation comprenant fil de fer, pince et tournevis : on doit toujours pouvoir reprendre un réglage de fixation.

Une pharmacie minimale comprenant notamment un pansement compressif et une couverture de survie.

Un ensemble de vêtements permettant d'affronter une éventuelle détérioration grave du temps (surveste et surpantalon, moufles, lunettes-masque).

Du matériel d'orientation (carte, boussole, altimètre).

Des vivres de course.

Un système de repérage et/ou de recherche en cas d'avalanche.

En s'équipant pour une descente hors piste, on doit plutôt se trouver dans l'état d'esprit d'un départ en randonnée de haute montagne que dans celui du ski de piste.

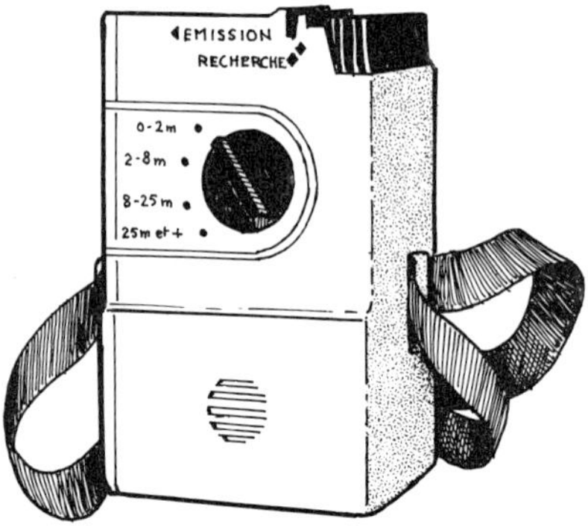

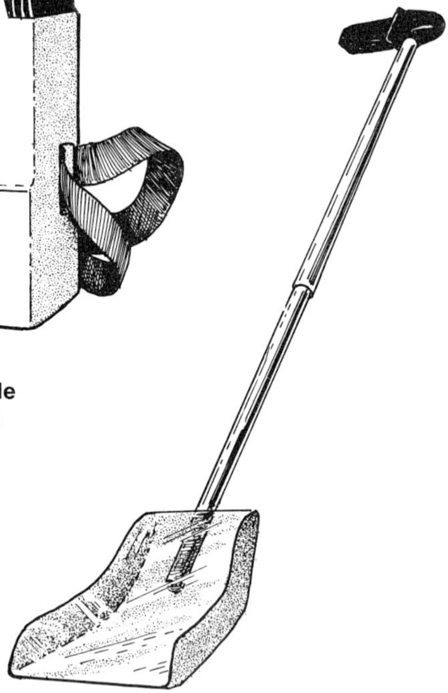

Matériel utilisé tant pour le ski hors piste que pour la randonnée alpine : ci-dessus, boîtier servant aussi bien à l'accidenté pour se signaler (déclenchement automatique) qu'aux sauveteurs pour le rechercher. En bas, émetteur de signal de détresse.
Ci-contre, pelle à neige démontable.

LE SKI DE MONTAGNE

Le ski de montagne constitue certainement la plus belle façon de découvrir la neige vierge. Quand on a skié une fois dans une combe déserte et sauvage, on n'a plus très envie de faire la queue aux remontées mécaniques.

Il y a aussi toute cette ambiance d'expédition. Puisqu'il faut se trouver en haute montagne dès avant l'aurore, on monte la veille au refuge. En avant-saison, il n'y a jamais la foule du mois de juillet, et les gardiens sont heureux de voir des clients. La montagne a encore quelque chose de « tout neuf ». On dîne à la grande table en commentant l'état de la neige. On demande à être réveillé à 3 ou 4 heures du matin. On prépare le sac, on revérifie le topo-guide et on prend enfin quelques heures de repos. Des moments inoubliables !

A la croisée du ski et de l'alpinisme

La pratique du ski de montagne exige la même connaissance de la haute montagne que l'alpinisme. Une matière que nous avons développée en détail dans *Haute montagne et alpinisme* (n° 7 de cette collection). En voici les principaux éléments.

La saison du ski de montagne

Elle commence dès le printemps, quand les conditions météo s'améliorent, que les jours s'allongent et que l'enneigement est bon. On skie jusqu'à l'époque où, sous l'effet de la chaleur, la neige disparaît des pentes raisonnables et connaît un processus de transformation trop important. Le mois de mai (avec en plus ses week-ends prolongés...) est idéal pour la randonnée alpine.

Le problème de l'altitude

Il y a d'abord les conséquences de l'altitude sur le climat. Ainsi, les températures peuvent être très basses ou très élevées, avec des variations très rapides. Au mois de mai, le problème le plus courant réside dans les attaques du

La grande exaltation du ski en montagne vierge.

soleil ! L'altitude est un facteur aggravant et accélérant de toute détérioration du temps : quand, en plaine, il aurait fait une légère brume, on se trouve en plein nuage ; quand il aurait plu, il neige ; quand il y aurait eu une légère brise, c'est la rafale... Sans parler de l'orage, particulièrement impressionnant. En clair : en haute montagne, on doit toujours être prêt à affronter des conditions quasiment polaires.

S'ajoutent d'autres conséquences sur le corps : sans aller jusqu'au mal des montagnes, plus on monte, plus le potentiel physique diminue ; de plus, l'air sec déshydrate et boire devient alors aussi capital que dans le désert.

Le problème des avalanches

En principe, les risques d'avalanches sont annoncés. Mais on peut se trouver déjà en montagne alors qu'une situation à risques se met en place. En fait, il existe plusieurs types d'avalanches : certaines se déclenchent toutes seules, les autres étant provoquées par le passage d'un skieur ou d'une cordée.

Une avalanche peut être le glissement d'une plaque de neige ou l'écroulement d'une corniche ; ce peut être une avalanche de neige mouillée ou de poudreuse, avec son effet d'aérosol. Il y a toujours risque d'avalanche après des chutes de neige importantes (40 centimètres tombés dans la nuit constituent une chute importante). Compter au moins vingt-quatre heures de délai pour que le risque commence à s'estomper. Le redoux après une chute de neige est un facteur aggravant.

Les glaciers

Avec l'avalanche, la chute dans une crevasse représente le risque majeur d'une randonnée à ski en haute montagne. Comment la prévenir ? En comprenant tout d'abord comment est fait un glacier : c'est un fleuve de glace formé par les processus de fonte et de regel de la neige au-dessus de la limite des neiges éternelles. Emporté par sa masse, le glacier descend et adopte le profil de la pente, se craquelant en surface. Si le profil est doucement arrondi, les craquelures forment des crevasses ; et s'il y a rupture de la ligne de pente, des séracs apparaissent, gigantesques blocs de glace formant des chaos en équilibre. Entre le névé et la masse rocheuse, il y a toujours une crevasse nommée rimaye. Les crevasses peuvent atteindre plusieurs dizaines de mètres de profondeur. Si elles sont ouvertes, on les évite ; mais la plupart sont recouvertes de « ponts de neige » : les uns sont capables de supporter le passage d'un ou plusieurs skieurs, d'autres pas... A cause du risque de chute, on traverse les glaciers encordés, en se tenant éloignés l'un de l'autre.

Le matériel de ski de montagne

Dans le chapitre 2, nous avons vu les caractéristiques des skis, des fixations, des chaussures et des bâtons utilisés pour le ski de montagne. S'y ajoute un équipement de sécurité, d'alpinisme et de randonnée.

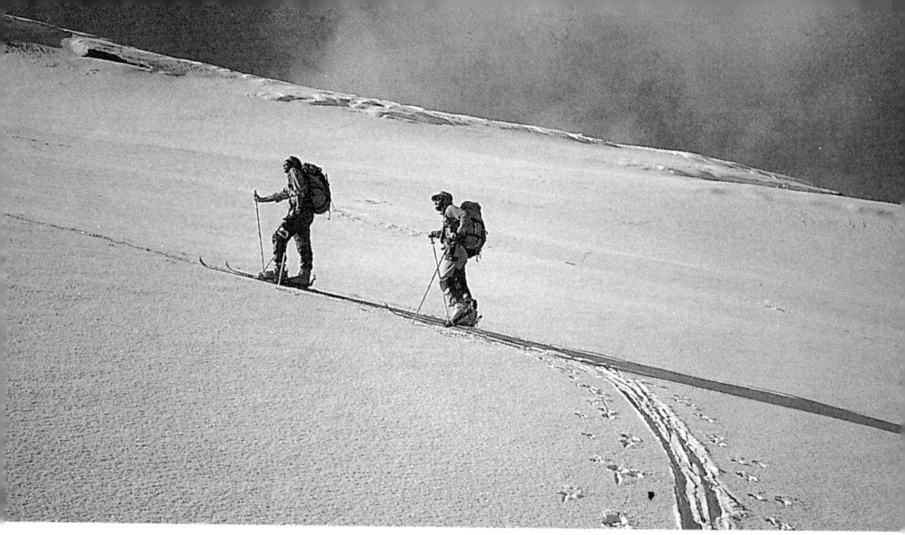

La montée au col en ouvrant la trace.

L'équipement de sécurité

C'est principalement le matériel destiné à faire face à une avalanche. Il se compose d'un matériel de radio-détection des skieurs ensevelis (émetteur type Snowbip, ou émetteur-récepteur ARVA) et d'un matériel de recherche (pelle démontable et bâton télescopique faisant sonde). Bien entendu, il faut s'être préalablement entraîné à leur utilisation.

L'équipement d'alpinisme

Corde, baudrier léger, mousquetons servent à s'encorder quand on traverse des glaciers ou qu'on descend un couloir exposé. Piolet et crampons peuvent être utilisés pour « escalader » des passages particulièrement raides, ou glacés. Des broches pourront se révéler nécessaires à un assurage sur neige ou glace, de même que de la cordelette.

Les vêtements

Ce sont plutôt des vêtements de randonnée de haute montagne que des vêtements de ski alpin. Ils doivent permettre de ne pas transpirer quand on a très chaud à la montée et offrir une protection maximale par mauvais temps.

Plus que jamais, un ensemble conçu selon la théorie des trois couches (voir p. 51) est idéal.

L'équipement de randonnée

C'est tout d'abord le matériel d'orientation : carte, boussole et altimètre. C'est ensuite la lampe frontale, car tous les départs se font de nuit afin de skier à la descente sur une neige la moins transformée possible. C'est la pharmacie contenant notamment de quoi immobiliser une fracture et maintenir un blessé au chaud en attendant les secours. Ce sont les vivres de course et un petit réchaud pour faire fondre la neige en cas de besoin. Chaque skieur doit posséder une couverture de survie qui servira bien souvent de tapis pour pique-niquer, mais éventuellement aussi à... survivre.

La technique du ski de montagne

A la montée et sur le plat

On fixe sur le semelle des skis une bande adhésive au relief de peluche : les fameuses « peaux de phoques » (bien entendu synthétiques). Il faut soigner la mise en place, surtout au talon du ski, car c'est par là que la peau a toujours tendance à se décoller. On déverrouille la fixation, afin d'utiliser ses skis comme des skis de fond. En cas de montée accentuée, on relève la petite cale qui évite au pied de reposer sur le ski : cela limite le mouvement et économise de la fatigue. Si les bâtons sont télescopiques, on les met en position longue. Si on porte des chaussures de ski traditionnelles, on ouvre les crochets.

Progresser est assez pénible car le matériel est lourd. Il faut donc s'astreindre à un rythme lent et régulier, en cherchant à faire glisser le ski le plus longuement possible. Il ne faut surtout pas le soulever de la neige : non seulement on se fatigue plus, mais un sabot de neige se forme alors sur la peluche ; ce qui revient à se mettre au pied un boulet de bagnard pour partir en randonnée.

Pour les montées à flanc, on effectue des traversées en maintenant les skis à plat pour se bloquer sur les peluches,

plutôt que sur les carres. Si la neige est trop dure, on installe les couteaux à glace, qui permettent aux skis de s'ancrer solidement.

Pour changer de direction, on effectue une conversion dite dynamique, c'est-à-dire dos à la pente et sans arrêt dans la progression (voir *La Randonnée nordique*, n° 5 de cette collection).

A la descente

Les skis redeviennent alpins : on décolle les peaux de phoques qu'on range soigneusement en rabattant les faces adhésives sur elles-mêmes. On verrouille les fixations. On met les bâtons en position courte. On resserre les crochets des chaussures (si elles sont du type ski de piste).

Skier avec un sac au dos modifie à la fois les sensations d'équilibre et les réflexes. Il faut donc skier « sûr » et ne pas hésiter à revenir aux sages méthodes du virage chasse-neige, et en tout cas bien arrondi. Dans les passages raides ou encombrés de roches et de blocs de neige durcie, user du dérapage. La technique efficace qui consiste à descendre en dérapant en avant puis en arrière a pour nom « faire la feuille morte ».

On doit toujours contrôler parfaitement sa vitesse et ne jamais oublier, au moment de se lancer dans un schuss à travers une combe merveilleuse, qu'on se trouve sur des skis courts, donc instables. Bien écarter les bras améliore considérablement l'équilibre.

En cas de problème, ne pas oublier qu'une bonne maîtrise de « l'arrêt Briançon » (voir p. 11) rend toujours service.

Skier encordé

Cela est nécessaire en cas de traversée de glacier, aussi bien en montée qu'en descente. Il faut alors maîtriser parfaitement le ski sans bâtons, puisque les mains sont occupées à manipuler des anneaux de corde. Un entraînement spécifique s'impose.

◀ **Descente encordé dans un couloir malsain.**

CHAPITRE 7

Où et comment skier

Deux constatations s'imposent : le ski alpin est un loisir de plus en plus coûteux, et il existe plus de 300 stations de sports d'hiver en France. Pourquoi coûteux ? Parce que passer une semaine à la neige implique une accumulation de frais : voyage, location d'un logement, nourriture à un prix élevé, location ou achat du matériel de ski, forfait de remontées mécaniques, éventuellement cours de ski et garderie pour les jeunes enfants. A y regarder de près, on se rend compte que le budget « ski », à proprement parler, est terriblement élevé. Exemple frappant : payer près de 1 000 francs la semaine de remontées mécaniques par personne ne peut qu'apparaître déraisonnable pour un couple avec deux enfants ! Dans le même temps, en compulsant les documentations éditées par les stations ou les organismes touristiques, on découvre des variations de tarifs considérables non seulement entre les endroits, mais surtout entre les formules de séjour proposées. La conclusion qui s'impose est que les vacances individuelles à la neige sont beaucoup trop coûteuses par rapport aux forfaits proposés par les voyagistes aussi bien que par les associations.

LES STATIONS DE SKI ALPIN

Chaque massif montagneux français possède maintenant ses stations de ski alpin. Ce n'est pas très réaliste, dans la mesure où une altitude minimale est indispensable pour garantir l'enneigement. Dans le même temps, la pratique du

◀ **Respect d'une architecture traditionnelle (ici, à La Plagne).**

ski moderne exige une certaine dénivelée entre le sommet des plus hautes pistes et la station elle-même.

Pourtant, à l'époque où le développement du ski en France a fait parler d' « or blanc », municipalités et promoteurs n'ont pas hésité à développer des stations là où la pratique du ski de piste serait forcément aléatoire. Les récents hivers peu neigeux l'ont cruellement démontré.

Par ailleurs, l'évolution de la pratique du ski ces dernières décennies a abouti à la succession rapide de plusieurs générations de stations de sports d'hiver. Pour une qualité technique très comparable en ce qui concerne le ski, l'ambiance y est très différente.

Les différentes générations de stations

La première génération

Ce sont les stations qui sont devenues dès le siècle dernier des lieux de résidence d'été, bénéficiant d'un certain engouement pour l'alpinisme ou tout simplement pour... le bon air de la montagne. Chamonix, capitale mondiale de l'alpinisme, et Saint-Gervais, station thermale, sont les plus typiques de la première génération. On y trouve toujours une ambiance de charme, et on y pratique un ski de qualité, mais à condition de se déplacer en voiture ou par navette jusqu'au pied des remontées donnant accès aux pistes d'altitude.

La deuxième génération

Ces stations se sont développées dès l'après-guerre, dans le voisinage immédiat de villages existant déjà, les hôtels étant construits à proximité immédiate des remontées mécaniques. A l'époque, on n'avait aucune conscience de la nécessité d'harmoniser le développement des domaines skiables et encore moins le souci d'élaborer une architecture cohérente. Aussi l'esthétique de la montagne en a-t-elle parfois souffert. Cependant, la plupart des erreurs de conception ont été corrigées depuis. Sont typiques de cette génération les stations des Deux-Alpes, de l'Alpe-d'Huez, de Méribel, de Courchevel... On y pratique un grand ski, au moins sur les pistes supérieures où l'altitude garantit de la

Les stations intégrées, comme accrochées à la haute montagne.

bonne neige. En général, il n'est jamais nécessaire d'utiliser un véhicule entre son logement et les remontées mécaniques, tandis que la station a suffisamment « vécu » pour avoir déjà un certain charme.

La troisième génération

Ces stations sont dites « intégrées », ou encore « skis aux pieds ». Elles ont été pensées dans le cadre de vacances spécialement consacrées au ski, alors que les précédentes gardaient le concept du séjour à la montagne. Installés de toutes pièces en altitude (2 000 mètres), les immeubles sont ainsi conçus qu'on sort de chez soi pour chausser immédiatement les skis... ou peu s'en faut. C'est le cas de Tignes, Val-Thorens, La Plagne, Flaine... Les fanatiques du ski apprécient énormément ces stations où pas une minute n'est soustraite à leur passion. Mais on est bien loin de la chaude ambiance des chalets savoyards.

La quatrième génération

Elle est née d'une réaction aux stations de la génération précédente, souvent qualifiées d'« usines à skis ». Le principe est celui de stations petites, à l'architecture chaudement traditionnelle et respectueuse de l'environnement. Leur conception répond d'autre part au souci de fonctionner non seulement en hiver, mais aussi l'été. On a toujours eu tendance à oublier en effet à quel point immeubles et remontées mécaniques sont laids en l'absence de neige et peuvent dégoûter de la montagne en été ! Valmorel a été le prototype de ces stations. Mais, comme elles sont construites assez bas, elles peuvent souffrir d'un enneigement réduit. Heureusement, une tendance de ces toutes dernières années consiste à rattacher, par remontées mécaniques, ce genre de station où il fait bon vivre aux grands domaines skiables en altitude. On connaît ainsi les Carroz-d'Araches, rattachés au domaine du Grand Massif (Haute-Savoie), Champagny-en-Vanoise et Montalbert, reliés à La Plagne, Pessey-Nancroix, en communication avec les Arcs...

Les stations mixtes ski alpin-ski de fond

A de rares exceptions près, une station de ski alpin ne peut pas être en même temps une station de ski de fond. Au sein d'un domaine nordique, la création de quelques remontées mécaniques donnant accès à des pistes courtes et de faibles dénivelées ne suffit pas à faire une station de ski alpin, au sens où on l'entend en cette fin de siècle. A l'inverse, une boucle de ski de fond aménagée dans un coin de station alpine en altitude n'apporte aucune satisfaction à un véritable fondeur et donne du ski nordique une image misérabiliste.

On trouve cependant des stations dont la situation et la configuration autorisent, dans des sites proches les uns des autres, un ski alpin honnête et un bon ski de fond, ou un bon ski alpin et un ski de fond honnête. C'est le cas, par exemple, de Villard-de-Lans, dans le Vercors, et du Grand-Bornand, en Savoie. Une station « mixte » présente les caractéristiques suivantes : altitude moyenne, zones de fond ou de flanc de

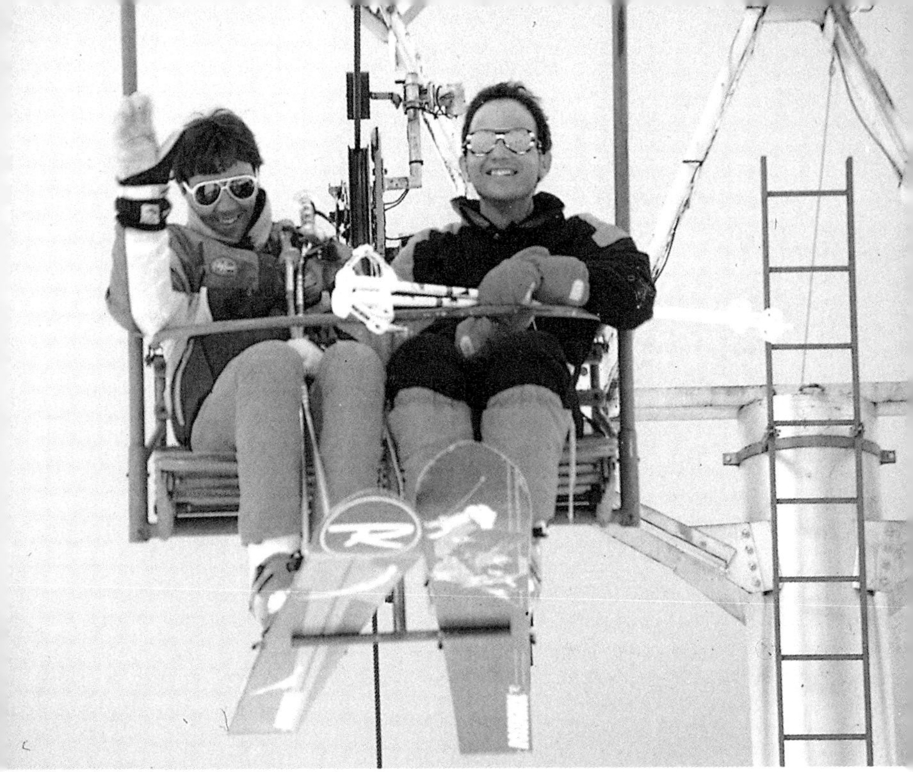

Les remontées mécaniques, symbole de convivialité...

vallée assez plates et, surtout, un environnement forestier et sauvage sans lequel le ski de fond perd toute son âme.

Skier à l'étranger

Sans chauvinisme aucun, on peut affirmer que le domaine de ski alpin français est le plus beau du monde, à la fois en termes de beauté des paysages et d'aménagement technique des pistes. Alors, pourquoi l'étranger ? En premier lieu parce que le ski de descente n'est pas seulement un sport, mais aussi une façon de « voir du pays ». Ainsi, faute d'avoir fréquenté une station de ski tyrolienne, nul ne saurait prétendre connaître l'Autriche. De même, il existe des massifs montagneux qui présentent des caractéristiques uniques : les Rocheuses canadiennes et américaines présentent par exemple une neige poudreuse qu'on ne trouve nulle part ailleurs aussi fine et aussi sèche. Là-bas, on se fait déposer en hélicoptère dans des zones absolument vierges (rappelons qu'en France les déposes en hélicoptères sont interdites). Il y a aussi les grands espaces de l'Est lointain : l'URSS. Le Caucase possède en effet des stations implantées à quelque 2 000 mètres d'altitude, au pied du mont Elbruz, qui culmine à 5 633 mètres.

Mais il faut aussi soulever la question du coût de revient. Que les stations françaises soient les plus belles du monde d'un point de vue technique explique aussi qu'elles soient chères... et manquent éventuellement de caractère. On découvre de la sorte que, pour un Parisien, il peut être moins onéreux de s'offrir un forfait avion-séjour-location du matériel-forfait remontée mécaniques dans une station autrichienne que de séjourner dans une grande station française. Sans parler de ces séjours en Bulgarie, par exemple, dans des stations conçues et montées par des entreprises françaises à des prix défiant toute concurrence !

D'autre part, il arrive que des stations frontalières amènent à skier, au hasard des remontées mécaniques et des descentes, en Italie ou en Suisse. Mais, *a priori*, il n'y a pas d'intérêt financier à passer ses vacances de neige juste de l'autre côté de la frontière.

LES FORMULES DE VACANCES A LA NEIGE

Une des raisons pour lesquelles les forfaits de remontées mécaniques sont proposés à de tels tarifs individuels réside dans le fait que, avant chaque saison, les organisateurs de voyages achètent en gros un certain nombre de forfaits, à des prix négociés très bas. Si bas que les stations n'hésiteraient pas à se rattraper sur les prix de vente individuels. Qu'importe le degré d'exactitude de ce genre d'analyse. On constate en effet très facilement que, sauf à posséder son appartement à la montagne ainsi que son matériel de ski et n'avoir besoin ni de garderie ni de cours pour les enfants – ou pour soi-même –, on a tout intérêt à trouver une formule de vacances de neige « clés en main ».

Le tourisme social

Un énoncé qui rebute, mais souvent à tort, comme l'explique un article publié dans le magazine *Vital*.

« Si on veut "s'escapader" le plus souvent possible, pas question de faire n'importe quoi à n'importe quel prix ! Voilà d'ailleurs l'occasion de remettre en cause quelques idées reçues : le tourisme dit "social" en est un bon exemple. Le seul moyen pour que les sports d'hiver ne reviennent pas aussi cher que des vacances de luxe sous les tropiques est effectivement d'entrer dans le cadre d'une structure type "voyage organisé", par le biais d'associations allant de l'UCPA aux comités d'entreprise. Évidemment, skier avec ses collègues de bureau, on aime ou on n'aime pas.

»Ce qu'on sait moins, c'est qu'il est possible de profiter individuellement de certaines structures de tourisme dit "social", qui fonctionnent exactement comme les clubs de vacances les plus prestigieux, mais à des coûts incomparablement plus bas. C'est ainsi que j'ai skié l'hiver dernier dans un Village de Vacances Familiales, à Montgenèvre ; le séjour en question étant proposé au catalogue du voyagiste Nouvelles Frontières.

»Notre cas se présentait de la façon suivante : un couple avec un enfant de 3 ans, désireux de skier le plus possible. Le Village du Soleil de Montgenèvre nous proposait un forfait couvrant le séjour tout compris, la garderie pour notre enfant (avec un léger supplément pour une initiation au ski), les remontées mécaniques, le prêt de tout le matériel et l'animation. Par animation, il faut comprendre en l'occurrence l'organisation chaque jour de sorties à ski pour vous emmener sur les meilleures pistes – ou hors piste, en fonction de la météo. A chaque fois nous était fourni le matériel le plus adapté : skis de randonnée, monoski, raquettes, skis de fond... Encore un avantage du Village du Soleil : il est situé à l'écart de la station elle-même et, donc, jouit du calme ; mais un télésiège démarre précisément du centre !

»Plus étonnant, moi qui ai complètement horreur de tout ce qui est collectif, j'ai apprécié le principe de la restauration par grandes tables. Cela permet en effet de déjeuner exactement quand on veut, sans aucune perte de temps pour skier ; tandis que le service en salle — pas de self-service, donc — évite la sinistre impression de restaurant d'entreprise. Conclusion : nous avons skié à nous en épuiser, et, à la garderie, notre fille a pris ses premières leçons. Les prix ? A prestation de service égale, et avec, de plus, le fait que nous n'avions à nous occuper de rien, nous avons déboursé à nous trois entre deux et trois fois moins que si nous avions vécu notre séjour de manière individuelle. »

Les forfaits des voyagistes

Dans les catalogues d'hiver de tous les voyagistes, on trouve des propositions de forfaits à des prix intéressants. Pour faire son choix et déterminer quel produit est le plus intéressant, il faut prendre en compte certains éléments. Se méfier notamment de la superficie du logement proposé : la norme de certains voyagistes n'est-elle pas de faire vivre quatre personnes dans une studette ? Vérifier aussi où se trouve exactement ce logement par rapport aux remontées mécaniques. Si un forfait de remontées mécaniques est inclus, savoir à quel domaine il correspond précisément...

Les stages type UCPA

Ce sont des séjours d'initiation ou de perfectionnement au ski. Destinés en principe aux jeunes, leurs tarifs sont calculés au plus juste, et les prestations sont bien évidemment du type collectif. L'UCPA apparaît comme le chef de file incontesté de l'enseignement sportif en France (et donc pas seulement en matière de ski). Elle s'attache à s'installer toujours dans les sites les mieux adaptés ; aussi la présentation de ses centres de ski constitue-t-elle un panorama très juste des stations de sports d'hiver en France.

Cours collectif : l'émulation reste aussi un bon moyen d'apprendre vite. ▶

LES PRINCIPALES STATIONS DE

Les centres et les sites	Altitude		Site	
	centre	+ haute	Station	Village
LES ARCS (Savoie) *Vallée de la Tarentaise*	1 650	3 225	×	
ARGENTIÈRE (Haute-Savoie) *Vallée de Chamonix*	1 250	3 300		×
LE BEZ (Hautes-Alpes) *Briançonnais*	1 450	2 800		×
CEILLAC (Hautes-Alpes) *Vallée du Queyras*	1 640	2 450		×
CHAMONIX Les Aiguilles (Haute-Savoie) *Vallée de Chamonix*	1 050	3 300		×
CHAMONIX Vallot (Haute-Savoie) *Vallée de Chamonix*	1 050	3 300		×
LES CONTAMINES (Haute-Savoie) *Versant ouest du Mont-Blanc*	1 200	2 480		×
LES DEUX-ALPES **Mont de Lans** (Isère) *Dauphiné*	1 600	3 600	×	
LES DEUX-ALPES Venosc (Isère) Dauphiné	1 600	3 600	×	
FLAINE (Haute-Savoie) *Le Grand Massif*	1 600	2 500	×	

SPORTS D'HIVER FRANÇAISES

Domaine skiable	Environnement		Neige	Soleil
	Moderne	Traditionnel		
× × × 74 remontées mécaniques 95 pistes - 150 km	×		× × ×	× × ×
× × × ensemble de la vallée : 59 rem. méc. et 62 pistes		×	× × ×	×
× × × 65 remontées mécaniques 91 pistes - 200 km		×	× ×	× × ×
× × 8 remontées mécaniques 12 pistes - 20 km		×	× ×	× × ×
× × × ensemble de la vallée : 59 rem. méc. et 62 pistes		×	× × ×	×
× × × ensemble de la vallée : 59 rem. méc. et 62 pistes		×	× × ×	×
× × 25 remontées mécaniques 29 pistes - 100 km		×	× × ×	× ×
× × × 62 remontées mécaniques 75 pistes	×		× × ×	× × ×
× × × 62 remontées mécaniques 75 pistes	×		× × ×	× × ×
× × × 30 remontées mécaniques 150 km de pistes	×		× × ×	× ×

Les centres et les sites	Altitude		Site	
	centre	+ haute	Station	Village
GOURETTE (Pyrénées-Atlantiques) *Pyrénées*	1 400	2 400	×	
MONETIER (Hautes-Alpes) *Briançonnais*	1 500	2 800		×
LA NORMA (Savoie) *Haute-Maurienne*	1 350	2 750	×	×
LES ORRES (Hautes-Alpes) *Alpes du Soleil*	1 550	2 770	×	
LA PLAGNE (Savoie) *Vallée de la Tarentaise*	1 800	3 250	×	
PRALOGNAN (Savoie) *Vanoise - Tarentaise*	1 400	2 350		×
SAINT-LARY (Hautes-Pyrénées) *Pyrénées*	830	2 450		×
SAINT-SORLIN (Savoie) *Vallée de la Maurienne*	1 500	2 600		×
SAMOENS (Haute-Savoie) *Le Grand Massif*	900	2 280		×
SERRE-CHEVALIER Jean-Bouvier (Hautes-Alpes) *Briançonnais*	1 350	2 800	×	
TIGNES (Savoie) *Vallée de la Tarentaise*	2 100	3 650	×	

Domaine skiable	Environnement		Neige	Soleil
	Moderne	Traditionnel		
× × 25 remontées mécaniques 34 pistes	×		×	× × ×
× × 15 remontées mécaniques 26 pistes - 45 km		×	× ×	× ×
× × 18 remontées mécaniques 26 pistes	×	×	× ×	× × ×
× × 21 remontées mécaniques 32 pistes - 50 km	×		×	× × ×
× × × 100 remontées mécaniques 107 pistes	×		× × ×	× ×
× 14 remontées mécaniques 21 pistes		×	× ×	×
× × 35 remontées mécaniques 42 pistes		×	×	× × ×
× × 16 remontées mécaniques 22 pistes - 85 km		×	× ×	× ×
× × 56 remontées mécaniques 200 km de pistes		×	× ×	× ×
× × 65 remontées mécaniques 91 pistes - 200 km	×		× ×	× × ×
× × × Espace Killy 300 km de pistes	×		× × ×	× ×

Les centres et les sites	Altitude		Site	
	centre	+ haute	Station	Village
LE TOUR (Haute-Savoie) *Vallée de Chamonix*	1 480	2 200		×
VAL CENIS (Savoie) *Vallée de la Maurienne*	1 400	2 800		×
VAL-D'ISÈRE (Savoie) *Vallée de la Tarentaise*	1 850	3 300	×	×
VALLOIRE (Savoie) *Vallée de la Maurienne*	1 430	2 550		×
VAL-THORENS (Savoie) *Vallée de la Tarentaise*	2 100	3 300	×	
VARS (Hautes-Alpes) *Alpes du Soleil*	1 650	2 750	×	
VILLENEUVE (Hautes-Alpes) *Briançonnais*	1 350	2 800		×

LES BUREAUX DE L'UCPA

Bordeaux
125, cours Alsace-Lorraine, 33000 Bordeaux.
tél. : 56.48.27.21.

Lille
203, rue de Paris, 59021 Lille Cedex.
tél. : 20.85.03.34.

Lyon
5, place Carnot, 69286 Lyon Cedex 02.
tél. : 78.92.98.98.

Marseille
27, cours Gouffé, BP 76, 13441 Marseille.
tél. : 91.79.33.12.

Domaine skiable	Environnement		Neige	Soleil
	Moderne	Traditionnel		
× 8 remontées mécaniques 10 pistes		×	× × ×	×
× × 23 remontées mécaniques 31 pistes		×	× ×	×
× × × Espace Killy 300 km de pistes	×	×	× × ×	× ×
× × 35 remontées mécaniques 75 pistes - 135 km		×	× ×	× ×
× × 36 remontées mécaniques 55 pistes - 115 km	×		× × ×	× ×
× × 33 remontées mécaniques 96 km de pistes	×		× ×	× × ×
× × × 65 remontées mécaniques 91 pistes - 200 km	×	×	× ×	× × ×

Nantes
12, place du Commerce, 44000 Nantes.
tél. : 40.48.04.67.

Paris-Beaubourg
27, bd de Sébastopol, 75180 Paris Cedex 04.
tél. : (1) 48.04.76.76.

Paris-Glacière
62, rue de la Glacière, 75640 Paris Cedex 13.
tél. : (1) 43.36.05.20.

Strasbourg
3, rue du Faubourg-National, BP 08, 67068 Strasbourg Cedex.
tél. : 88.75.68.56.

Toulouse
44, rue de Metz, 31000 Toulouse.
tél. : 61.55.26.26.

TABLE DES MATIÈRES

◀ **Les meilleurs moments du surf : un champ de poudreuse sur fond de ciel sans nuage.**

Aubin Imprimeur
LIGUGÉ, POITIERS

Composé par SCP, Bordeaux
Achevé d'imprimer en octobre 1990
N° d'éditeur : 1758 / N° d'impression L 35373
Dépôt légal : octobre 1990

Imprimé en France